Matthias Schmelzer/Alexis Passadakis
Postwachstum

Matthias Schmelzer, aktiv bei Attac, studierte Geschichtswissenschaft, Politik und Philosophie an der Humboldt-Universität Berlin und der University of California, Berkeley, und promoviert derzeit an der Europa-Unversität Viadrina zum Wachstumsparadigma und der OECD.
Alexis J. Passadakis, Mitglied im Koordinierungskreis von Attac, studierte Politikwissenschaften (M.A. Global Political Economy/Sussex) und arbeitet zu den Themen Demokratisierung öffentlicher Dienstleistungen, Wachstumskritik und Klimagerechtigkeit.

AttacBasisTexte 36

**Matthias Schmelzer/
Alexis Passadakis**

Postwachstum

VSA: Verlag Hamburg

www.attac.de

www.postwachstum.net

www.vsa-verlag.de

Druck- und Buchbindearbeiten: freiburger graphische betriebe
ISBN: 978-3-89965-429-5

Inhalt

1. Einleitung

»Sie sägten die Äste ab, auf denen sie saßen
Und schrieen sich zu ihre Erfahrungen
Wie man schneller sägen könnte, und fuhren
Mit Krachen in die Tiefe, und die ihnen zusahen
Schüttelten die Köpfe beim Sägen und
Sägten weiter«
Bertolt Brecht

Tausende von Demonstrierenden zogen Anfang Juni 2007 an der deutschen Ostseeküste durch blühende Felder, um die Zufahrtsstraßen des G8-Gipfels in Heiligendamm zu blockieren. Die durchaus erfolgreichen Proteste der globalisierungskritischen Bewegung in Rostock setzten einen Schlusspunkt unter den Zyklus von Gipfelprotesten, der 1999 mit der Belagerung der Ministerkonferenz der Welthandelsorganisation (WTO) in Seattle losgetreten worden war. Inhaltlich hatte der Gipfel 2007 kaum historische Bedeutung. Erst rückwirkend – nach dem Ausbruch der Weltwirtschaftskrise – zeigte sich die ungewollte Ironie der Abschlusserklärung einer »Agenda für globales Wachstum und Stabilität«. Denn gleichzeitig, auch in den Sommertagen des Jahres 2007, begannen in den Medien in den USA Nachrichten aufzutauchen, dass ungewöhnlich viele Immobilienkredite nicht bedient werden konnten und platzten. In den folgenden Monaten geriet die Anhäufung von Kapital auf den zentralen Finanzplätzen in New York und London zunehmend ins Stocken. Für die globale Öffentlichkeit kam der große Paukenschlag allerdings erst am frühen Montagmorgen des 15. September 2008: Lehman Brothers, die viertgrößte Investmentbank an der Wall Street, meldete Insolvenz an. Am selben Tag verkündete die Bank of America, die Rivalin und drittgrößte Investmentbank, Merrill Lynch für 30,7 Mrd. Dollar zu übernehmen. Spätestens seit diesem Zeitpunkt begann sich die Finanzkrise Schlag auf Schlag zur tiefsten Krise der Weltwirtschaft auszuweiten. In der Bundesrepublik brach 2009 das Wirtschaftswachstum um 5% ein. In den

USA schnellte die Zahl der Menschen, die Lebensmittelmarken beziehen müssen, bis auf über 44 Millionen im März 2011 hoch – Tendenz steigend. Die Zahl der Hungernden weltweit ist inzwischen auf katastrophale eine Milliarde gestiegen.

Ebenfalls 2007, nämlich Anfang Dezember in Bali, und weitgehend unterhalb des Radars der globalen Öffentlichkeit, gründete sich während des UN-Klimagipfels ein neues Netzwerk von sozialen Bewegungen und Nichtregierungsorganisationen: Climate Justice Now (CJN, www.climate-justice-now.org). Die Entstehung dieser neuen Vernetzung war Ausdruck einer zunehmenden Kritik sowohl an dem politischen Prozess als auch den Instrumenten der UN-Klimaverhandlungen. Nur durch politischen Druck sozialer Bewegungen für grundsätzlich andere Verhältnisse von Produktion und Konsum könne es in den Bereich des Möglichen rücken, die Klimakrise tatsächlich abzubremsen, so die Analyse. CJN sollte recht bekommen: An dem eiskalten 20. Dezember 2009 ließen die Regierungen in Kopenhagen den bisher aufwendigsten und mit 45.000 akkreditierten Personen größten Klimagipfel spektakulär kollabieren. Appelle zivilgesellschaftlicher Organisationen nützten nichts. In einer Welt mit harter Konkurrenz der Staaten um jedes Zehntelprozent Wachstum gibt es keinen Platz für eine effektive – geschweige denn gerechte – Klimapolitik.

Einige der älteren Mitglieder von Attac Japan können sich noch gut daran erinnern, wie sie vor 40 Jahren als junge UmweltaktivistInnen gegen die Enteignung einiger Fischerdörfer an der Ostküste zum Bau einer Atomkraftanlage protestierten. Seit dem 11. März 2011 mussten sie nun mit ansehen, wie das Restrisiko des globalen atomaren Großexperiments an genau diesem Ort, in Fukushima, zur bitteren Realität wurde. Die Atomkatastrophe von Fukushima in Japan hat 25 Jahre nach Tschernobyl weltweit die Gefahren der Atomkraft auf die internationale Agenda gesetzt. Sie ist ein tiefer Einschnitt für die energiepolitischen Konzeptionen vieler Regierungen, denn Atomenergie ist ein substanzieller Bestandteil im jeweiligen Energiemix aller Industrie- und Schwellenländer. Sie ist aber auch eine Zivilisationskrise. Eine Krise der Gesellschaften, die auf unkontrollierbare Großtechnologien und destruktive Energieformen angewiesen sind, um kontinuierliches Wirtschaftswachstum zu befeuern. Denn der mit dem Wachstum des zerstörerischen Wohlstands zunehmende Bedarf an Energie kann nur gedeckt werden durch Techniken, die – wie Atomkraft oder aber auch fossile Kraftwerke – den Tod von Tausenden von Menschen in Kauf nehmen.

»Abschalten sofort – und zwar weltweit!« ist die richtige Reaktion der Anti-Atombewegung auf den GAU in Japan. Gleichzeitig bedeutet ein rasches Abschalten, dass sich tatsächlich die Verfügbarkeit von Primärenergie verknappt. Und wenn wir uns nicht dem vermeintlichen Sachzwang ergeben, nur zwischen einer atomaren oder klimatischen Zerstörung des Planeten wählen zu können, dann stellen die zerstörten Reaktoren an der japanischen Küste das Paradigma des wachstumsbasierten Wirtschaftens unnachgiebig infrage.

Für einige Beobachter signalisiert der Zusammenbruch der Lehman Brothers-Bank und der effektive Kollaps der internationalen Klimaabkommen den eigentlichen Beginn des 21. Jahrhunderts, denn beide Ereignisse werden die politischen und ökonomischen Rahmenbedingungen der nächsten Dekaden entscheidend prägen. Hinzu kommt nunmehr der historische Einschnitt der Fukushima-Katastrophe. Ein Jahrhundert ist lang, aber dennoch ist dies eine kluge, wenn auch düstere Vorahnung. Denn sowohl die Weltwirtschaftskrise als auch die umfassende Biokrise (Erderwärmung, Verlust der biologischen Vielfalt, Desertifizierung etc.) haben einen Zusammenhang: die Dynamik und Wirkung wirtschaftlichen Wachstums.

Die umfassende Biokrise auf diesem Planeten ist sowohl eine Folge als auch eine Grenze profitgetriebener ökonomischer Expansion. Eine der zentralen Ursachen der ökologischen Krise liegt in kontinuierlicher wirtschaftlicher Expansion: Wachstum im globalen Norden (und zunehmend auch in Schwellenländern) wird erkauft mit einer nie da gewesenen Zerstörung der Umwelt, mit zunehmender Ungleichheit und Armut, mit Millionen von Flüchtlingen aufgrund von Wetterextremen und blutigen Ressourcenkriegen wie im Irak. Gleichzeitig stößt kapitalistisches Wachstum zunehmend an ökologische Grenzen wie die Endlichkeit fossiler Ressourcen und die beschränkte Aufnahmefähigkeit der Atmosphäre für Kohlenstoff. Im Jahr 2010 waren die globalen ökologischen Kapazitäten bereits nach knapp acht von zwölf Monaten aufgebraucht, der so genannte Overshoot Day war bereits am 21. August. Im Jahr 2011 wird er noch einige Tage früher erreicht sein. Dabei sind die Ursachen und Folgen sehr ungleich verteilt: Menschen in den hundert am fatalsten von der Klimakrise betroffenen Ländern des Südens verursachen nur etwa 3% der weltweiten Treibhausgasemmissionen. Würden alle so produzieren und kosumieren wie in der Bundesrepublik im Durchschnitt, so wären die jährlich verfügbaren Ressourcen bereits im Mai des Jahres aufgebraucht. Die Frage nach der Zukunft des Wachstums stellt sich heute mit einer neuen Dringlichkeit.

In diesem Kontext eines ungebremsten umweltzerstörenden Wirtschaftswachstums auf Basis fossiler Energien und eines dramatisch instabilen finanzmarktkapitalistischen Wachstumsmodells haben die Auseinandersetzungen um eine Ökonomie jenseits des Wachstums eine neue Dynamik gewonnen. In Frankreich, Spanien und Italien gibt es lebendige soziale Bewegungen, die sich für »décroissance«, »decrecimiento« oder »decrescita« einsetzen, was sich mit »Wachstumsrücknahme« oder »Ent-Wachsen« mehr schlecht als recht übersetzen ließe. In Lateinamerika streiten insbesondere indigene Bewegungen für »buen vivir«, »gutes Leben.« Sie bekämpfen das extraktivistische, d.h. auf Förderung von Rohstoffen und Plünderung natürlicher Ressourcen beruhende Wachstumsmodell.

In dem breiten globalisierungskritischen Netzwerk Attac gibt es zweifelsohne unterschiedliche Positionen zur Frage des Wirtschaftswachstums. Wir, die Autoren dieses Basistexts, plädieren für eine Solidarische Postwachstumsökonomie. Unser Konzept der Postwachstumsökonomie hat dabei nicht den Anspruch, eine umfassende Systemalternative zu skizzieren. Es geht uns vielmehr darum, eine aus unserer Sicht notwendige Fluchtlinie unter weiteren zu zeichnen, die Teil des Horizonts einer anderen Ökonomie und Gesellschaft in einer anderen möglichen Welt sein sollte. Der Begriff Postwachstumsökonomie oder -gesellschaft an sich ist allerdings sozial neutral. Es können sich sowohl sozial und ökologisch gerechte als auch neoliberale und/oder reaktionäre politische Projekte damit verbinden lassen. Der neoliberale und inzwischen wachstumskritische Chef der Denkfabrik »Denkwerk Zukunft«, CDU-Mitglied Meinhard Miegel, beispielsweise behauptet, dass der Sozialstaat der wesentliche Wachstumstreiber sei und daher abgeschafft gehöre – die Familie solle dann wieder alle Aufgaben des Sozialsystems übernehmen, so seine Vorstellung. Also zurück ins 19. Jahrhundert. Auch einige Spielarten ökologischer Wachstumskritik werfen die Frage auf, ob es tatsächlich um bessere Lebensbedingungen für alle geht, oder ob die ökologische Krise lediglich ein Hebel dafür ist, die ökonomischen Interessen Weniger auf dem Wege des Verzichts der Vielen zu verteidigen.

Deshalb versuchen wir auf den folgenden Seiten, die Fluchtlinien einer Solidarischen Postwachstumsökonomie zu skizzieren. Unser Ausgangspunkt ist dementsprechend die globale soziale Ungleichheit und Ungerechtigkeit. Diese ist immer auch verbunden mit ökologischer Ungleichheit und Ungerechtigkeit. Denn die Lebensweise der globalen Mittel- und Oberschicht ist eine imperiale, welche enorme Ressourcen aus der ganzen Welt ansaugt und die Abfälle ebenso global verteilt – eine kosmopolitische Plünderungsökonomie. Folglich ist es das Ziel unserer Wachstumskritik, einen Beitrag dazu zu leisten, soziale Rechte, die ein gutes Leben für alle weltweit ermöglichen, durchzusetzen: in Nord und Süd, heute und in Zukunft. Dies – so werden wir argumentieren – gelingt nur, wenn die Volkswirtschaften im Norden tatsächlich schrumpfen, um dann unter neuen Rahmenbedingungen in einen dynamisch-stabilen Zustand überzugehen.

Dieser Basistext beginnt mit einem kurzen historischen Abriss über die unterschiedlichen Wachstumsregime des Fordismus und Neoliberalismus und ihre Krisen (Kapitel 2). Es folgt eine kritische Diskussion der am meisten genannten Begründungen, warum Wirtschaftswachstum angeblich notwendig ist und gesellschaftliche Probleme löst. Wir halten die Begründungen für wenig überzeugend (Kapitel 3). Daher fragen wir in Kapitel 4, ob nicht andere Formen des Wachstums möglich sind, die weniger krisenanfällig oder zumindest wesentlich weniger naturzerstörend sind, ob also »nachhaltiges«, »ökologisches« oder »soziales« Wachstum eine Option darstellt. Hier argumentieren wir, dass nicht nur Wachstum, wie wir es kennen, sondern Wachstum an sich das Problem und nicht die Lösung ist. In Kapitel 5 schauen wir uns genauer an, was überhaupt die Triebkräfte des Wachstums sind und fragen, ob eine schrumpfende und auf einem ökologisch verträglichen Niveau stabilisierte Ökonomie ein Ende des kapitalistischen Wirtschaftssystems in all seinen Formen zum Ergebnis hat. Kapitel 6 gibt eine kurze Einführung in Wachstumskritik, erläutert zentrale Begriffe und unterschiedliche politische Strömungen. Und in Kapitel 7 schließlich skizzieren wir Elemente einer Solidarischen Postwachstumsökonomie.[1]

[1] Dieser Basistext wurde durch Diskussionen mit und Hinweise Vieler ermöglicht. Besonderer Dank gilt Andrea Vetter, Lena Bröckl, Max Bank, Matthias Fischer, Fabian Scheidler, Markus Henn, Maren Schlierkamp sowie der AG Degrowth von Attac Berlin.

2. Eine kurze Geschichte von Wachstum und Krisen

Die hohen Wachstumsraten im 20. Jahrhundert sind im Vergleich zur gesamten Menschheitsgeschichte eine erklärungsbedürftige Ausnahme. Vom Jahr 1000 bis zum Beginn der Industriellen Revolution um ca. 1820 lag das weltweite Wachstum des Bruttoinlandsprodukts (BIP, vgl. Kasten) – soweit sich dies rückblickend errechnen lässt – bei gerade einmal 0,05% pro Jahr. Aufgrund der geringen Entwicklung der Produktivkräfte wuchs die Ökonomie nur sehr gemächlich, kaum schneller als das Bevölkerungswachstum. In den Jahren 1820-1870 beschleunigte sich die weltweite Wachstumsrate auf 0,53%, von 1870 bis zum Anfang des Ersten Weltkriegs 1913 auf 1,3%. Während die Wachstumsrate zwischen den beiden Weltkriegen bis 1950 bei 0,91% lag, schoss sie in den zwei Jahrzehnten von 1950-1973 auf 2,93% hoch. In den darauf folgenden 25 Jahren belief sich das jährliche Wachstum wieder nur auf 1,33%. Bei aller Verwegenheit des Anspruchs und allen methodischen Problemen der Messung, über die Jahrhunderte hinweg die globale Wirtschaftsleistung einschätzen zu wollen, liefern diese Zahlen dennoch Anhaltspunkte für die gewaltige Wirkung, die die zunächst auf Steinkohle basierende und später »geölte« kapitalistische Industrialisierung besaß.

Das den Rhythmus des Bevölkerungswachstums seit dem 19. Jahrhundert übersteigende Wirtschaftswachstum, wie wir es heute kennen, wurde allerdings erst seit den 1920er Jahren statistisch begreifbar. Ökonomen der noch jungen Sowjetunion begannen, statistische Verfahren zu etablieren, die eine umfassende Übersicht über das Wirtschaftsgeschehen geben sollten. Die heute gebräuchliche Messgröße selbst, das Bruttoinlandsprodukt wurde Anfang der 1940er Jahre in den USA entwickelt. Politische Wirtschaftsplanung wurde dadurch umfassend denkbar und handhabbar.

Das »goldene Zeitalter« des Wachstums

Der heutige Typus von Ökonomie und Gesellschaft basiert ganz wesentlich auf den Grundlagen, die in der Phase des so genannten Fordismus geschaffen wurden – ein Begriff, der vom marxistischen Intellektuellen und Politiker Antonio Gramsci geprägt wurde. Fordismus beschreibt eine ökonomische und gesellschaftliche Entwicklungsweise, die sich im Laufe der 1930er Jahre ausgehend von den USA herausbildete und etwa bis in die 1970er Jahre andauerte. Ihre zentrale wirtschaftspolitische Strategie zielte darauf ab, hohe Wachstums- und Profitraten durch eine Kombination aus relativ hohen Löhnen, öffentlichen Investitionen, einem Wohlfahrtsstaat und hohen Militärausgaben zu generieren. Dadurch konnte eine Massennachfrage für eine entsprechende Massenproduktion geschaffen werden. Der Begriff Fordismus bezieht sich im Übrigen auf den Autofabrikanten Henry Ford, der mit seinem Ausspruch »Autos kaufen keine Autos!« auf den Punkt brachte, weshalb er Löhne zu zahlen bereit war, die es den eigenen FabrikarbeiterInnen erstmals ermöglichten, selbst Automobile zu erwerben.

Stabilisiert wurde dieses binnenmarktorientierte und auf Vollbeschäftigung basierende Wachstumsmodell unter anderem dadurch, dass es mit der Gründung des Bretton Woods-Systems durch die Siegermächte des Zweiten Weltkriegs im Jahre 1944 international abgesichert wurde. Der Kern des Abkommens von Bretton Woods war ein Währungssystem stabiler Wechselkurse, das über den US-Dollar an Gold gekoppelt war und zudem strikte Kontrollen des internationalen Kapitalverkehrs festschrieb. Die Folge war, dass Investitionen vor allem national orientiert waren, sodass im Gegensatz zu heute internationale Lohnkonkurrenz kaum eine Rolle spielte. Zweitens bedurfte es keiner hohen Zinsen, um internationales Kapital anzuziehen, weil die Gefahr eines Abflusses von Kapital mittels der Kapitalverkehrskontrollen gebannt war. Bis Ende der 1970er Jahre waren die Realzinsen (d.h. Zinsen, bei denen die Inflationsrate herausgerechnet wurde) in der Staatengruppe der G7 im Wesentlichen negativ. Das bedeutet, es war profitabler, in Unternehmen zu investieren als in Staatsanleihen oder andere Finanzpapiere. Das

BIP, Kritik und alternative Indikatoren

Das Bruttoinlandsprodukt ist die Summe des Geldwertes der Güter und Dienstleistungen, die in einem Zeitraum (z.B. einem Jahr) in einem Wirtschaftsraum (z.B. BRD oder Welt) verkauft werden, für den Endverbrauch bestimmt sind und die durch bezahlte Arbeit hergestellt wurden. Die Veränderung des BIP über Jahre hinweg gilt als Wachstum (ausgedrückt in %) – dabei wird meist die Inflation herausgerechnet. Obwohl das BIP gemeinhin als Wohlstandsindikator gilt, ist es höchst ungeeignet, diesen zu messen, da es nur den Geldwert der Produkte misst, nicht ihre Auswirkungen auf Bedürfnisbefriedigung und Wohlbefinden. Eine Zunahme von Autounfällen erhöht daher das BIP (Arztbehandlungen, Autoreparaturen etc.) ebenso wie Umweltzerstörung (wenn Kompensationsleistungen und Schutzmaßnahmen gegen Umweltkatastrophen geleistet werden), Regenwaldabholzung (Holzhandel, Möbel etc.) oder Krieg. Als Bereicherung gilt auch die wachsende Produktion vergeudeter Verpackungen, weggeworfener Apparate, beschädigte und nicht reparierte Geräte. Zerstörungen erscheinen so als Quellen des Reichtums. Und: je schneller die Dinge zerbrechen, veralten, weggeworfen werden, umso schneller wächst das BIP – und umgekehrt.

Das BIP wird kritisiert, weil es a) diese externen negativen Kosten vernachlässigt, b) die Verteilung des Wohlstands ausblendet und c) nur bezahlte Arbeit berücksichtigt. Das BIP ist jedoch trotz aller Kritik immer noch der am weitesten verbreitete Wohlstandsindikator. Mittlerweile gibt es jedoch auch weit über 150 alternative Indikatoren. Dabei können drei Ansätze unterschieden werden:

1. Indikatoren, die das BIP nach Wohlfahrtsgesichtspunkten modifizieren, z.B. den *Measure of Economic Welfare* (MEW) von William Nordhaus und James Tobin oder der *Index of sustainable economic welfare* (ISEW) von Herman Daly und John Cobb.
2. Indikatoren, die aus mehreren sozial-ökonomischen Parametern zusammengesetzt sind (z.B. Gesundheit, Bildung, ökonomische Entwicklung), wie der *Human Development Index* (HDI) der Vereinten Nationen (http://hdr.undp.org/en/statistics).
3. Indikatoren, die versuchen, subjektives Wohlbefinden zu messen, wie Bhutans *Gross National Happiness* (GNH) (http://www.grossnationalhappiness.com).

Darüber hinaus gibt es auch viele Kombinationen wie beispielsweise die Vorschläge der Stiglitz-Kommission (www.stiglitz-sen-fitoussi.fr) oder den Index für einen glücklichen Planeten (HPI) der New Economics Foundation (www.happyplanetindex.org).

Ergebnis dieses Arrangements waren enorme Wachstumsraten in den kapitalistischen Kernstaaten.

Dieses gesellschaftliche und ökonomische Modell entstand nicht am Reißbrett, sondern war Ergebnis komplexer ökonomischer Entwicklungen, sozialer Auseinandersetzungen und politischer Maßnahmen. Insgesamt war es eine Reaktion auf und Ergebnis der Krise des Laissez-faire-Kapitalismus der frühen 1930er Jahre. Nach der Großen Depression erholten sich die Wachstumsraten in den USA nur sehr zögerlich. Arbeitslosenproteste und Streiks übten großen Druck auf die Regierung aus, und Unternehmensprofite waren durch die kriselnde Ökonomie gefährdet. Zudem stand die US-Regierung in Konkurrenz zu dem damals für viele attraktiven Vorbild der noch jungen revolutionären Sowjetunion und ihrer wirtschaftlichen Entwicklung. Fazit: Das auf relativ hohen Löhnen, hohen öffentlichen Ausgaben und daher Massennachfrage und Vollbeschäftigung basierende Modell des Fordismus ermöglichte eine globale Wachstumsrate von bis zu 3% und steht vor allem in sozialdemokratischen Kreisen im weitesten Sinne als modellhaft für ein »goldenes Zeitalter«.

Die Krise des fordistischen Wachstumsregimes

Aber es ist nicht alles Gold, was glänzt. Denn oft werden die »Kosten« dieser »goldenen Epoche« hoher Wachstumsraten und Vollbeschäftigung unterbelichtet.

Stichwortartig sind dies, neben anderen, 1.) die verheerende Ausbeutung der Natur mit all ihren Folgen, 2.) die fortgesetzte Kontrolle des Südens als billigen Rohstoff-Lieferanten und in vielen Regionen die Zunahme von Armut und Ungleichheit, 3.) die Bereitstellung günstiger Reproduktionsarbeitskraft durch das Hausfrauenmodell und die dadurch gefestigten hierarchischen Beziehungsmuster, 4.) die Aufblähung des industriell-militärischen Sektors im Kalten Krieg und in den heißen Kriegen (Korea, Vietnam), die enorme öffentliche Summen mobilisierten und damit Nachfrage schufen, und 5.) das strikte hierarchische Fabrikregime, welches die ArbeiterInnen in ein enges Ausbeutungskorsett presste.

Abbildung 1: Durchschnittliche jährliche Wachstumsrate des BIP je Dekade in der Bundesrepublik von 1950 bis 2010 (in %)

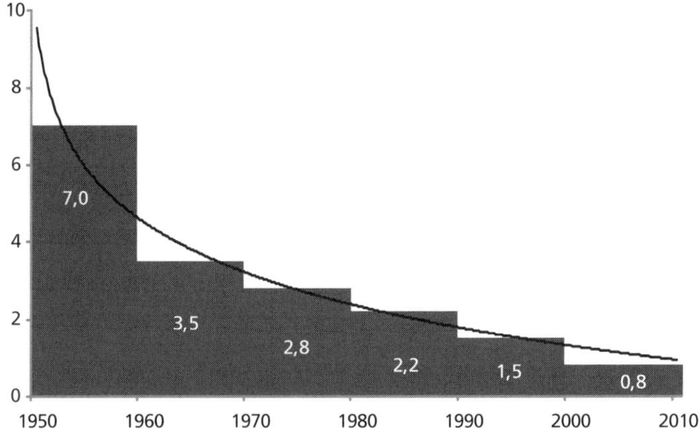

Quelle: StaBA, 2009/10 Prognose EU-Kommission

Das fordistische Arrangement begann bereits, in der zweiten Hälfte der 1960er Jahre zu kriseln, um dann im Laufe der 1970er Jahre immer mehr unter Druck zu geraten. Die Gründe für diese Erosion sind vielfältig. So ist festzustellen, dass seit den 1950er Jahren in früh industrialisierten Ländern die Wachstumsraten kontinuierlich sinken. In der Bundesrepublik beispielsweise von durchschnittlich 7% in den 1950er Jahren auf 0,8% in den 2000er Jahren. Die hohen Wachstumsraten in Europa in der Nachkriegszeit waren zunächst wesentlich durch den Wiederaufbau nach dem Krieg verursacht, konnten jedoch durch geschickte Wachstumspolitik und Ausschöpfung der Wachstumspotenziale in den 1960er Jahren gehalten werden. Über einen längeren Zeitraum gesehen wuchs die bundesrepublikanische Volkswirtschaft jedoch nicht exponentiell mit einer immer gleichen Rate – z.B. 3% pro Jahr –, sondern linear, d.h. um etwa 40 Mrd. Euro im jährlichen Durchschnitt. Das ist ein enormer Reichtumszuwachs, aber bei einem immer größeren BIP natürlich relativ immer weniger. Der Wirtschaftswissenschaftler Karl Georg Zinn begründet dies mit einem kontinuierlichen Rückgang der Investitionen in den hoch entwickelten Industriestaaten: Bei Einkommen ab einer bestimmten Höhe steigt die Sparquote, weil viele Bedürfnisse der KonsumentInnen bereits gedeckt sind. Einkommen werden daher nur teilweise zum Kauf von Gütern eingesetzt (»predatory savings«), sodass eine Nachfragelücke entsteht. Das Resultat: Investitionen rentieren sich tendenziell weniger. Weniger Investitionen wiederum haben zur Folge, dass für die durch Rationalisierungsmaßnahmen »freigesetzen« Arbeitskräfte nicht genügend neue Stellen geschaffen werden. Eine steigende Arbeitslosigkeit schwächt somit die Nachfrage und führt zu einer weiteren Depression der Wachstumsrate.

Die Hauptursache für die Erschöpfung des Fordismus war aber, abgesehen von dem Absinken der Wachstumsraten, eine Profitabilitätskrise. Die Profitraten gerieten unter Druck, weil sich die organisatorischen und betriebswirtschaftlichen Produktivitätsreserven der standardisierten Massenproduktion erschöpft hatten – aus den ArbeiterInnen war trotz raffinierter Betriebsorganisation nicht mehr »rauszuholen«. Gleichzeitig fanden erfolgreiche Arbeitskämpfe zur Anhebung von Löhnen, zu Arbeitszeitverkürzung und Sozialleistungen statt, was auf die Profitraten der Unternehmen drückte. Und auch der entkolonisierte Süden trat aus dem Schatten des fordistischen Wachstumsmodells: Die neuen Staaten verlangten höhere Preise für Rohstoffe und die OPEC ließ 1973 den Ölpreis steigen, was sowohl Profite als auch Wachstum dämpfte. Zudem begann die entstehende Umweltbewegung, einen höheren Preis für Natur zu verlangen, indem die umweltzerstörerischen Folgen des fossilistischen Industrialismus angeprangert wurden. Nicht zuletzt wurden – unter anderem durch die Frauenbewegung – neue Ansprüche an den Sozialstaat erstritten, welche die Kosten für die Finanzierung der allgemeinen öffentlichen Infrastruktur weiter ansteigen ließen.

Das neoliberale Wachstumsmodell

In dieser Krisensituation setzte sich als neues Akkumulationsmodell der finanzmarktgetriebene Kapitalismus durch, dessen Treibmittel nicht mehr Investitionen, sondern Kredite waren.

Im Laufe der 1970er Jahre fand somit die so genannte Blasen-Ökonomie ihren Ausgangspunkt, deren Platzen in der großen Rezession seit 2008 wir immer noch erleben. Mit dem Putsch gegen Allende in Chile 1973 und dann mit den Regierungen unter Thatcher und Reagan ab 1979 begann die Durchsetzung der »neoliberalen Konterrevolution«, wie sie einer ihrer Vordenker, der Wirtschaftswissenschaftler Milton Friedman, selbst nannte. Auch wenn die *Wachstums*raten im langfristigen Durchschnitt nicht stiegen – sondern ganz im Gegenteil sogar sanken, weil eben weniger investiert wurde – so konnten doch die *Profit*raten durch die Spekulation auf den Finanzmärkten und durch eine forcierte Umverteilungspolitik von unten nach oben wieder hergestellt werden. Gemäß der neoliberalen Doktrin wurden die Gewerkschaften geschwächt und massiver Druck auf die Löhne ausgeübt. Zugleich wurden die Produktionsprozesse rationalisiert und transnational reorganisiert (z.B. Outsourcing). Eine strukturelle Massenarbeitslosigkeit und Verarmung der unteren Bevölkerungsschichten gehört ebenso zum neoliberalen Modell wie eine schleichende Austrocknung der öffentlichen Haushalte durch Steuersenkungen aller Art und systematischer Sozialabbau. Das Ergebnis war eine Schwächung der Massennachfrage und damit der Wachstumspotenziale. Immer höhere Pyramiden von privater und öffentlicher Verschuldung hatten nun die Aufgabe, diese Nachfrageschwäche aufzufangen. Als »Kompensation« für stagnierende oder sinkende Löhne – prototypisch in den USA – wurden den Beschäftigten leicht zugängliche Konsumenten- und Immobilienkredite angeboten, für die natürlich Zinsen an Banken zu zahlen waren. Ein doppelter »Betrug«. Aber alle sind zufrieden, so lang es keine Krise gibt.

3. Ohne Wachstum ist alles nichts? Wachstum als hegemoniales Konzept

»Ohne Wachstum keine Investitionen, ohne Wachstum keine Arbeitsplätze, ohne Wachstum keine Gelder für die Bildung, ohne Wachstum keine Hilfe für die Schwachen. Und umgekehrt: Mit Wachstum Investitionen, Arbeitsplätze, Gelder für die Bildung, Hilfe für die Schwachen und am wichtigsten Vertrauen bei den Menschen.«

Angela Merkel in ihrer Regierungserklärung
am 10. November 2009

Warum hat Wirtschaftswachstum so eine herausgehobene Stellung als das oberste Ziel der Wirtschaftspolitik fast aller Staaten, der internationalen Organisationen, aber auch so gut wie aller Gewerkschaften, Nichtregierungsorganisationen und von Teilen der sozialen Bewegungen? In der Literatur zu Wachstum, aber auch in den alltäglichen politischen Auseinandersetzungen, finden sich eine Vielzahl an Begründungen. Wachstum funktioniert dabei wie ein Zauberwort, dass die Lösung für einige der wichtigsten gesellschaftlichen Probleme liefert. Wachstum soll – so die weitverbreitete Vorstellung – gesellschaftliche Probleme von Konflikten in Situationen verwandeln, bei denen alle profitieren.

Das Wachstumsparadigma lässt sich dabei als ein grundlegendes hegemoniales Projekt kapitalistischer Entwicklung verstehen.[1] Denn jenseits von Fordismus und Neoliberalismus und diesen zugrunde liegend sind die im Alltagsverstand, der Politik und der Wirtschaftswissenschaft verbreiteten Begründungen für die Notwendigkeit von und den Wunsch nach Wachstum einer

[1] Der italienische Marxist Antonio Gramsci begreift Hegemonie als einen Typus von Herrschaft , der im Wesentlichen auf der Fähigkeit basiert, die eigenen Interessen als gesellschaftliche Allgemeininteressen zu definieren und durchzusetzen. In den Fokus der Analyse rücken dadurch gesellschaftliche Aushandlungsprozesse, die Zivilgesellschaft als Feld der Macht sowie Prozesse der Konsensproduktion.

der zentralen Mechanismen für die Aufrechterhaltung dieses ökonomischen Modells und der sozialen Kräftekonstellationen, die es tragen. Wenn Wachstum so analysiert wird, dann bedeutet das auch, dass die Auseinandersetzungen um eine Postwachstumsgesellschaft auch ein Kampf um die gesellschaftlichen Vorstellungswelten ist: Dient Wachstum tatsächlich dem umfassenden Allgemeininteresse, oder haben die beschworenen Begründungen für mehr Wachstum nicht vielmehr die Funktion, die Interessen der wenigen, die vom Wachstum profitieren, zu verschleiern?

Oft genannte Begründungen, warum Wachstum dem Allgemeininteresse dienen soll, sind:

- *Lebensqualität*: Wachstum steigere die Lebensqualität, die Wohlfahrt, das Glück der Menschen und sei von daher das höchste politische Ziel.
- *Armutsbekämpfung*: Wachstum sei sowohl im globalen Norden, aber vor allem im globalen Süden der beste Weg aus der Armut.
- *Verteilung*: Wachstum führe zu einer gerechteren Verteilung innerhalb von Gesellschaften, aber auch zwischen Ländern, da ein wachsender Kuchen die Verteilungskonflikte entschärfe und daher Raum für gerechte Verteilung der erwirtschafteten Güter und Dienstleistungen schaffe.
- *Arbeitslosigkeit*: Wachstum sei das beste Mittel, um Arbeitslosigkeit mit all ihren sozialen Folgen zu bekämpfen.
- *Umweltschutz*: Wachstum sei notwendig für effektiven Umweltschutz, da erst ein gewisser Wohlstand ein entsprechendes Umweltbewusstsein ermögliche, vor allem aber nur durch Wachstum die riesigen Investitionssummen aufgebracht werden können, die für effektiven Umweltschutz notwendig sind.
- *Staatshaushalt, Steuern und Schulden*: Wachstum bringe steigende Steuereinnahmen, die notwendig sind, um die notwendige staatliche Infrastruktur zur Verfügung zu stellen (z.B. Bildung, öffentliche Investitionen etc.), die staatlichen Haushalte zu sanieren und die öffentlichen Schulden abzutragen.

- *Alternativlosigkeit*: Wachstum sei eine notwendige Voraussetzung, um das Wirtschaftssystem stabil zu halten und das Vertrauen der BürgerInnen zu sichern; ohne Wachstum entstünden Wirtschaftskrisen und im Gefolge instabile politische Verhältnisse; eine Ökonomie ohne Wachstum führe zu Krisen, Chaos und Verarmung.

Doch sind diese Begründungen überzeugend, ist es wirklich so, wie es in einem Grundsatzpapier der CDU heißt: »Ohne Wachstum ist alles nichts«? Im Folgenden werden wir diese Behauptungen hinterfragen (für die letzten beiden vgl. Kapitel 5).

Ermöglicht Wachstum ein gutes Leben?

Die konventionelle Annahme ist, dass das Erreichen einer hohen Lebensqualität von Wirtschaftswachstum abhängt. Wachstum bringt höhere Einkommen, höhere Einkommen ermöglichen mehr Konsum, und dieser steigere das Wohlergehen für alle, so die Kausalkette. Doch was steht hinter der Formel, eine Zunahme des BIPs steigere die Lebensqualität?

Mehr Güter haben ist besser: Ganz grundlegend steht dahinter ein eindimensionales Bild menschlicher Bedürfnisse, demzufolge es Menschen umso besser geht, je mehr materielle Güter sie haben. *Tauschwert ist Lebensqualität:* Die Lebensqualität steige mit dem Nutzen, den Menschen aus dem Verbrauch von Gütern ziehen, so die verbreiteten ökonomischen Theorien. Was ist aber der Nutzen eines neuen Fahrrads im Vergleich zu dem eines Fluges nach New York oder gar eines Picknicks mit Freunden? Der Nutzen eines Gutes, so eines der zentralen Theoreme der neoklassischen Ökonomie, sei gleich dem Preis, den Menschen auf freien Märkten bereit sind zu zahlen. Nutzen, und damit auch Lebensqualität, wird also mit dem monetären Wert, dem Tauschwert gleichgesetzt. Und da, grob gesagt, das BIP die Summe aller dieser Marktransaktionen darstellt, begründet dies die Annahme, das BIP sei ein sinnvoller Maßstab für Lebensqualität. *Alle haben gleichviel vom BIP:* Eine dritte wichtige Annahme ist, dass in der Messung des BIP oder des BIP pro Kopf implizit davon ausgegangen wird, dass alle ungefähr gleichviel der gesamten Markttransaktionen vornehmen und das eine Steigerung des ganzen Kuchens immer auch denen hilft, die am wenigsten haben – nach dem Motto: Die Flut hebt alle Boote.

Alle drei Annahmen sind falsch. Bereits auf der ersten Ebene gibt es viele Einwände: Was ist mit immateriellen Dingen, menschlichen Beziehungen, Werten wie Gerechtigkeit und Solidarität? Sind diese nicht wichtige Ziele vieler Menschen? Und: Ist *mehr* immer *besser*? Ist es nicht leicht einzusehen, dass Quantität nicht gleich Qualität ist? Gibt es nicht sogar in der Ökonomie die Theorie des »abnehmenden Grenznutzens«, derzufolge ein Mehr an Gütern immer weniger bringt, umso mehr bereits vorhanden ist? Und trifft dies nicht auch auf Einkommen zu?

Besonders viel Kritik gibt es an der Gleichsetzung von Tauschwert mit Lebensqualität und es gibt Bibliotheken füllende Literatur über den Wert des BIPs als Maßstab für Wohlfahrt (vgl. auch Kasten zu BIP). Denn das BIP entwertet durch seinen exklusiven Fokus auf marktförmige Tauschbeziehungen große Teile der Ökonomie, besonders die maßgeblich von Frauen getragene nicht-marktförmige Sorgeökonomie. Hausarbeit, ehrenamtliche Tätigkeiten, Kinderbetreuung, Pflege, soziale Hilfeleistungen und große Teile der vorsorgenden Ökonomie werden nicht oder nur sehr gering entlohnt, sie tauchen daher auch kaum im BIP auf. Die monetäre Entwertung geht aber auch einher mit einer gesellschaftlich geringeren Wertschätzung dieser Tätigkeiten, die vornehmlich von Frauen ausgeübt werden. Das Volumen unbezahlter Arbeit ist in der BRD wesentlich größer, als das Volumen der bezahlten Arbeit; in anderen Industrieländern ist es ähnlich. Das Statistische Bundesamt schätzt den monetären Wert unbezahlter und vor allem von Frauen getätigter Arbeit auf 684 Mrd. Euro Feministische Ökonominnen haben die Konzeption des BIP und in der Folge der Fokus aller makroökomischen Modelle und der Wirtschaftspolitik auf die in das BIP einfließende marktförmige Arbeit daher zu Recht als »strategisches Schweigen« bezeichnet. Ein Schweigen, das nicht-marktförmige Reproduktionsarbeit an den Rand drängt und verschleiert, dass die gesamtwirtschaftliche Produktion maßgeblich auf hierarchisch organisierter Arbeitsteilung zwischen den Geschlechtern basiert (vgl. dazu Bakker 1994; Bauhardt und Caglar 2010; http://www.genderkompetenz.info).

Eine Umfrage des Meinungsforschungsinstituts Emnid hat im August 2010 ergeben, dass trotz proklamierten Aufschwungs nur noch ein Drittel der BürgerInnen daran glaubt, dass das Wachstum auch ihre private Lebensqualität steigern wird. Dies zeigt, dass das schon seit Jahren in der Forschung diskutierte Glücks-Paradox auch im Alltagsverstand angekommen ist. Dieses fasst Ergebnisse der Glücksforschung zusammen, der zufolge die Lebenszufriedenheit in den meisten Industrieländern in den letzten Jahrzehnten mehr oder weniger gleich geblieben ist, obwohl die Wirtschaften in diesem Zeitraum sehr stark gewachsen sind. Andere Studien vergleichen nicht die Lebenszufriedenheit in einem Land über einen langen Zeitraum, sondern vergleichen die Lebenszufriedenheit in verschiedenen Ländern mit sehr unterschiedlichen Einkommensniveaus. Sie zeigen, dass eine Zunahme des BIP pro Kopf nur bis zu einem Einkommen von ungefähr 15.000 US-Dollar mit einem mehr an Lebenszufriedenheit einhergeht, bei höheren Einkommen der Zusammenhang aufhört und sich teilweise sogar umkehrt (NEF 2009; Jackson 2009; Victor 2008).

Diese Ergebnisse der Glücksforschung müssen allerdings mit Vorsicht genossen werden. Denn zum einen sind Studien, die auf der Selbstbeschreibung der Zufriedenheit basieren, höchst unzuverlässig, da Menschen ihre Erwartungen ihren Umständen anpassen. So liegen Länder mit unzureichenden Sozialsystemen und undemokratischen Herrschaftsstrukturen in einigen der Rankings sehr weit oben. Die Ergebnisse der Glücksforschung eröffnen aber den Raum, jenseits der Wachstumsfixierung nach den Bedingungen für ein gutes Leben zu fragen. Fruchtbar sind in diesem Zusammenhang die Fähigkeiten-Ansätze (capability-approach) von Amartya Sen und Martha Nussbaum, die den Fokus auf die realen Freiheiten und Fähigkeiten von Menschen und auf die entsprechenden Bedingungen legen, die notwendig sind, um sich zu entfalten und ein gutes Leben zu führen: Gesundheit, körperliche Integrität, Bildung, Beziehungen zu Menschen etc. (vgl. auch http://hdr.undp.org/en/statistics).

Verringert Wachstum Ungleichheit und Armut?

Ein oft genannter Grund, warum wir Wachstum brauchen, ist, dass dies das effektivste Mittel zur Armutsbekämpfung sei. Wenn der gesamte Kuchen wachse, so die so genannte trickle-down-Theorie, komme von diesem Wachstum auch etwas bei den Ärmsten an. Doch das BIP verschleiert als aggregierter Maßstab Ungleichheiten bei der Verteilung der Einkommen des materiellen Konsums und der Vermögen. Der Zusammenhang zwischen Wachstum, Armut und Ungleichheit ist ausgesprochen kompliziert und Thema endloser Diskussionen (vgl. hdr.undp.org; www.oecd.org/dataoecd/45/26/41525363.pdf). Klar ist jedoch, dass das kapitalistische Wirtschaftswachstum der letzten Jahrzehnte nicht Wohlfahrt für alle und gleiche Gesellschaften produziert hat – weltweit gibt es ein unvorstellbares Ausmaß an Armut und immense Ungleichheiten innerhalb von und vor allem zwischen Ländern.

Wachstum ging in Europa und Nordamerika – aber auch in einigen anderen Ländern – bis in die 1970er Jahre mit zunehmender Gleichheit und abnehmender Armut einher – danach hat sich dieser Zusammenhang stark abgeschwächt und in einigen Ländern umgekehrt. In den letzten Jahrzehnten hat Wachstum vor allem in Schwellenländern, allen voran den asiatischen Tigerstaaten und in China, Millionen von Menschen aus der Armut geholfen, doch gleichzeitig wuchsen in diesen Regionen die sozialen Ungleichheiten dramatisch und die sozialen und ökologischen Auswirkungen des Wachstums waren teils fatal. Global gesehen, besonders bezogen auf das sub-saharische Afrika, wurden die Hoffnungen auf »nachholende Entwicklung« bitter enttäuscht: Das Wachstum der reichen Länder war im letzten halben Jahrhundert viel schneller als in Lateinamerika, Afrika und Teilen Asiens und die zwischenstaatliche Ungleichheit hat seit 1980 um über 20% zugenommen.

Auf Haushaltsebene ist die globale Ungleichheit dramatisch. In den Industrieländern hat sich in den letzten Jahrzehnten durch Wachstum nur die Position der obersten 20% der EinkommensbezieherInnen gesteigert, während dem Rest keine positiven Verbesserungen zuteil wurden – in einigen Ländern, vor allem den

USA und Deutschland, musste die Mehrheit sogar mit Lohneinbußen leben (vgl. Davies et al. 2008; Ver.di 2008).

Besonders drastisch ist die Ungleichheitsproduktion im Nord-Süd-Kontext: Eine Studie der britischen *New Economics Foundation* hat gezeigt, wie ungleich die Gewinne von Wachstum verteilt sind: Von jeden 100 Euro, die die Weltwirtschaft wächst, verringern nur 0.60 Euro die Armut der mehr als einer Milliarde Menschen, die von weniger als einem US-Dollar am Tag leben. Ausgehend von diesen Relationen, müsste die Weltwirtschaft für jeden US-Dollar an Armutsreduzierung um 166 US-Dollar wachsen. Globales Wachstum in den sich daraus ergebenden relevanten Größenordnungen wird es nicht geben und es würde die ökologische Krise massiv verschärfen, deren Kosten vor allem von den Ärmsten getragen werden. Angesichts des Zusammenhangs zwischen Wachstum, Klimawandel und steigendem Meeresspiegel gewinnt das Motto *Die Flut hebt alle Boote* eine neue sarkastische Bedeutung.

Der erste Bericht zur globalen Vermögensverteilung, der United Nations University WIDER-Report 2008, zeigt, dass mehr als die Hälfte des globalen Vermögens Eigentum der reichsten 2% der Menschheit sind, während die ärmsten 50% der Menschen nur 1% des globalen Vermögens besitzen. Im Durschnitt hat das oberste Zehntel 3.000 Mal soviel Vermögen wie das unterste Zehntel. Während 1,2 Milliarden Menschen weniger als 1.25 US-Dollar am Tag zur Verfügung steht, gibt es über 1.000 Milliardäre. Die Ungleichheit hat während des 20. Jahrhunderts drastisch zugenommen. Frauen besitzen nur 2% des globalen Vermögens (vgl. Davies et al. 2008; www.un.org/womenwatch; http://www.unifem.org).

Wachstum per se verringert also weder Armut noch Ungleichheit, historisch hat es beide dramatisch verschärft. Viel wichtiger ist die Verteilung. Eine vergleichende Arbeit der britischen Epidemiologen Kate Pickett und Richard Wilkinson (2009) hat untersucht, wie sich Ungleichheit in 21 Industrieländern auswirkt. Sie zeigt, dass ungleiche Gesellschaften in allen sozialen Fragen wesentlich schlechter abschneiden: Gesundheit, Lebenserwartung, Bildung, Kriminalität etc., und zwar über das gesamte

Einkommensspektrum hinweg. Das heißt, Menschen in gleichen Gesellschaften wie in Skandinavien sind gesünder, besser gebildet und leben länger als Menschen (auch reichere Menschen) in ungleichen Gesellschaften. Für die Steigerung der Lebensqualität ist die Verteilungsfrage viel wichtiger als Wirtschaftswachstum – »Gleichheit statt Wachstum« daher die konsequente Parole von Pickett und Wilkinson (vgl. auch http://www.equalitytrust.org.uk).

Nicht *mehr haben* sollte daher das Ziel von Gesellschaften sein, sondern dass *alle genug* haben – die Indigenen Lateinamerikas fordern in diesem Sinne: No queremos vivir mejor, queremos vivir bien! (Wir wollen nicht besser leben, sondern gut!)

Verringert Wachstum Massenarbeitslosigkeit?

Zwischen Wachstum und Beschäftigung gibt es einen engen Zusammenhang. Über Jahrzehnte hin ermöglichten hohe Wachstumsraten, die durch Produktivitätssteigerungen freigesetzten Arbeitskräfte wieder in Beschäftigung zu bringen. Die Wachstumsrate korrelierte eng mit den Arbeitslosenzahlen. Gewerkschaften fokussierten sich daher auf Wachstum als zentrales wirtschaftspolitisches Ziel. Doch die wachstumsfokussierte Vollbeschäftigungspolitik – von der sowieso vor allem (männliche) Erwerbsarbeitende profitierten – ist seit Langem eine Illusion. Arbeitslosigkeit hat in Industrieländern seit den 1970er Jahren kontinuierlich zugenommen, die offizielle Quote lag über Jahrzehnte hin zwischen 6 und 12%, die reale war wesentlich höher (Prekarisierung, Unterbeschäftigung etc.). Infolge schrumpfender Wachstumsreserven, zunehmend gesättigter Märkte, steigender Produktivität aufgrund der dritten industriellen Revolution und steigender Nachfrage nach Arbeitsplätzen vor allem durch Frauen gibt es heute nur noch einen sehr begrenzten Zusammenhang zwischen Wachstum und Beschäftigung.

Da gemeinhin davon ausgegangen wird, dass erst ein Wachstum von etwa 2% neue Arbeitsplätze schafft, ist das reale Wirtschaftswachstum einfach zu gering – es liegt seit den 2000er Jahren gewöhnlich unter 2% und wird in Zukunft tendenziell eher abnehmen. Bereits seit Mitte der 1970er Jahre lagen die Steigerungsraten der Arbeitsproduktivität über denen des BIP. Zwischen 1992 und 2003 wuchs das BIP um durchschnittlich 1,5%, die Arbeitsproduktivität jedoch steig durch bessere Ausbildung, effizientere Technik etc. um 2,3%. Da technischer Fortschritt nicht mehr genügend neue Arbeitsplätze schuf, um die durch Produktivitätszuwächse vernichteten Jobs wieder auszugleichen, erleben wir »jobless growth«, strukturelle Arbeitslosigkeit, die nur noch am Rande mit der konjunkturellen Situation zusammenhängt (Bontrup 2005).

Um die strukturelle Arbeitslosigkeit in der Bundesrepublik – sie lag 2009 bei real 5,4 Millionen Erwerbsarbeitslosen – durch Wachstumspolitik in den Griff zu bekommen, wäre rein rechnerisch ein Wachstum des BIP von 13% notwendig (Reuter 2010). Ein so hohes Wachstum wird es in Industrieländern nicht geben. Als Lösung des Problems struktureller Arbeitslosigkeit ist Wachstumspolitik weder erfolgsversprechend noch – angesichts der beschriebenen anderen sozialen und ökologischen Probleme – wünschenswert.

Ermöglicht Wachstum Umweltschutz?

Die Mehrheit der ÖkonomInnen und PolitikerInnen gehen davon aus, technologischer Fortschritt, ökologische Innovationen und grüne Energien würden es möglich machen, dass die Wirtschaft weiter wächst, während der Verbrauch an Ressourcen und die Übernutzung der Natur zurückgehen. Einige argumentieren sogar, dass nur durch Wirtschaftswachstum effektive Umweltpolitik und damit eine Abnahme der Naturzerstörung möglich seien, denn nur so würden die notwendigen finanziellen Ressourcen erwirtschaftet, die Investitionen in grüne Technologien und den Umbau der Wirtschaft finanzieren. Je mehr Wachstum, desto besser für die Umwelt, so die Devise.

Theoretisch wird dies untermauert durch die *Environmental Kuznets Curve* (EKC, benannt nach dem Ökonomen Kuznets), die besagt, dass in der historischen Entwicklung von Gesellschaften Umweltverschmutzung zuerst mit Wachstum zunimmt, sich dieser Zusammenhang jedoch ab einem bestimmten Wohlstandsniveau umkehrt (umgekehrtes U): Aufgrund neuer finanzieller und technischer Möglichkeiten, aber auch wegen der Verbreitung postmaterialistischer Werte, führe in reichen Gesellschaften wie den Industrieländern seit den 1970er Jahren weiteres Wachstum zu einer kontinuierlichen Verringerung der Umweltbelastung und zu effektivem Umweltschutz. So wird oft darauf beharrt, dass es heute weniger Smog in Städten und saubereres Wasser gibt als in den 1920er Jahren und Einige ökologisch bewusst einkaufen.

Diese Argumentation verkennt jedoch die nicht so offensichtliche kontinuierliche Naturzerstörung, die vor allem Menschen im globalen Süden zu spüren bekommen, sowie die imperiale Übernutzung des globalen Umweltraumes (vgl. Kapitel 5). Bezeichnenderweise – und vollkommen entgegen der Theorie der EKC – haben die sozialen Milieus mit der besten Bildung, den höchsten Einkommen und dem ausgeprägtesten Umweltbewusstsein auch den höchsten Ressourcenverbrauch. Die Lebensstilgemeinschaft der *Bionade-Bourgeoisie,* die sich laut Umfragen am häufigsten bewusst für ökologischen Konsum entscheidet, ist auch diejenige, die sich aufgrund ihrer privilegierten Lage (die postmaterialistische Werte ja erst befördert hat), mehr Produkte und Dienstleistungen leisten kann als Menschen mit geringerer Bildung und niedrigeren Einkommen, die nicht bewusst umweltorientiert konsumieren (BUND et al. 2008: 152ff.).

Wie weit weg von den harmonistischen Vorstellungen derjenigen, die weiteres Wachstums im Namen des Umweltschutzes fordern, die Realität ist, zeigen Studien der Wohlfahrtsökonomie und der ökologischen Ökonomie. Diese versuchen, die ökologischen und sozialen Schäden des Wachstums zu quantifizieren und mit dessen Vorteilen zu vergleichen. Ökonomen wie Herman Daly argumentieren sehr überzeugend, dass schon seit vielen Jahren die Kosten des Wachstums – ökologische Externalitäten und ungewünschte soziale Folgen – größer sind als die Vorteile der gesteigerten Produktion, und dass im globalen Norden das Wachstum daher *unökonomisch* sei (vgl. Daly 2007).

Wachstum birgt eine Vielzahl von Versprechen in sich: Wohlfahrt, Armutsbekämpfung, Gleichheit, Arbeitsplätze, Umweltschutz – alles dies sei durch und nur durch Wachstum möglich, so die Wachstumsbefürworter. Doch eine Analyse ihrer Argumentationslinien macht deutlich, das Wachstum nicht in der Lage ist, diese Versprechen zu erfüllen, sondern im Gegenteil oft die Probleme massiv verschärft und Lösungen im Wege steht. Immer wieder wird allerdings argumentiert, das Problem sei lediglich das gegenwärtig vorherrschende Wachstumsmodell. Andere Formen des Wachstums wie ein öko-keynesianischer Green New Deal hingegen seien die Lösung für die sozial-ökologischen Krisen. Im folgenden Kapitel wird argumentiert, dass diese Vorstellung eines Wachstums ohne Naturverbrauch eine Illusion ist.

4. Ist nachhaltiges Wachstum möglich? Öko-Keynesianismus und Mythos Entkopplung

»Macht keine Fehler: eine neue Weltordnung ist am Entstehen. Der Wettlauf um Führerschaft hat schon begonnen. Für die Gewinner sind die Belohnungen klar: Innovationen und Investitionen in saubere Energietechnologie werden grünes Wachstum stimulieren; sie werden Arbeitsplätze schaffen; und mehr Energieunabhängigkeit und nationale Sicherheit bringen.«

Josef Ackermann, 8. Dezember 2010

Im Oktober 2006 beendete Sigmar Gabriel (SPD), damals als Umweltminister, seine Rede »Leitmärkte der Zukunft ökologisch erobern« anlässlich der Präsentation des Memorandums zur Ökologischen Industriepolitik mit dem Ausruf: »Werden Sie zum Revolutionär!« Es ging um die »dritte industrielle Revolution«, um einen ökologisch ausgerichteten »New Deal«, durch den sich Deutschland im globalen Standortwettbewerb positionieren könne. In den folgenden Jahren, besonders nach dem Ausbruch der Weltwirtschaftskrise, avancierte die Idee eines »Green New Deal« zu einem der am meisten diskutierten Ansätze für einen Weg aus der Krise. Es verspricht ein anderes, »grünes« Wachstum, das eine Win-win-win-Lösung möglich macht – Unternehmen aus der Wirtschaftskrise holt, Arbeitslose in Beschäftigung bringt und die Umwelt rettet.

Ein neues Akkumulationsregime? Ökokeynesianismus und Green New Deal

Das Konzept des Green New Deal wurde 2007 von dem US-amerikanischen neoliberalen Publizisten Thomas L. Friedman popularisiert, der in grünen Technologien einen neuen globalen Wachstumsmarkt und die Möglichkeit sah, die USA im internationalen Wettbewerb zu stärken. Gleichzeitig veröffentlichte die britische

Denkfabrik *New Economics Foundation* (nef) eine einflussreiche Studie, die ein entsprechendes Programm für England entwarf. Viele der nach einem neuen hegemonialen Projekt suchenden grünen Parteien Europas übernahmen das Konzept und entwickelten es weiter. Bereits 2008 forderte das UN-Umweltprogramm (UNEP) einen »Global Green New Deal«, und »grünes Wachstum« avancierte zum Schlagwort auf der internationalen Ebene.

Die Grundidee ist einfach: Die durch die Weltwirtschaftskrise in Rezession geratenen Ökonomien können durch öffentliche Investitionen wieder auf den Wachstumspfad gebracht werden – hier orientiert sich das Konzept an der durch Keynes inspirierten Reformpolitik des US-Präsidenten Roosevelt nach der letzten großen Krise in den 1930er Jahren. Gleichzeitig macht der ökologisch notwendige Umbau der fossilistischen Ökonomie massive Investitionen in »grüne« Infrastruktur notwendig: »grüne« Autos, »grüne« Energie, »grüne« Fabriken – ein riesiger Wachstumsmarkt. Öko-keynesianische Konzepte bringen beide Probleme zusammen und schlagen »grüne« Investitons- und Konjunkturprogramme als Lösung sowohl der Wirtschafts- als auch der Umweltkrise vor: Sie sichern Arbeit und Produktion, legen die Basis für Energiesicherheit und eine grüne zukunftsorientierte Ökonomie und – teilweise kombiniert mit weiteren keynesianischen Politikkonzepten wie Finanzmarktregulierung und Umverteilung – stärken sozialen Zusammenhalt. Es gehe um eine Situation, in der alle gewinnen – so auch Pavan Sukdhev, Chefökonom der Deutschen Bank und Leiter der UNEP *Green Economy Initiative*: »Die Frage ist nur, ob die Investitionen in die alten extraktiven kurzfristigen Wirtschaftsbereiche von gestern oder in die neue grüne Ökonomie gehen, welche die multiplen Herausforderungen löst und gleichzeitig wirtschaftliche Möglichkeiten für die Armen und auch die Reichen schafft.« (vgl. www.unep.org; Jackson 2009, 107f.) Im Kern geht es um die Hoffnung auf ein neues Akkumulationsregime (*green capitalism*), das den Widerspruch zwischen Ökologie und Ökonomie produktiv bearbeitet, mit »grüner« Industrie als Wachstumsmotor der Zukunft.

Auch wenn es plausibel scheint, Konjunkturpakete zur Stärkung der Nachfrage in grüne Zukunftstechnologien und erneuerbare Energien anstatt in die spritfressende und von strukturellen Überkapazitäten geplagte Autoindustrie zu stecken, so ist das ultimative Ziel des »grünsten« Investitionsprogramms eben doch *Wachstum* zu erzielen. Auch wenn in den Diskussionen um einen neuen Öko-Keynesianismus viele Maßnahmen genannt werden, die aus einer sozialen und Klimaschutz-Perspektive dringend notwendig sind, wirft die grundsätzliche Orientierung eine entscheidende Frage auf: Kann das anvisierte Wachstum nicht nur »grün«, sondern auch ökologisch sein? Wir halten die dafür notwendigen Effizienzsteigerungen für nicht realisierbar und »grünes« Wachstum deshalb für eine Schimäre. Die folgenden Ausführungen dazu sind teils etwas technisch, verdeutlichen aber die Herausforderungen, denen sich eine tatsächliche ökologische Transformation stellen muss.

Faktor X? Entkopplung von Wachstum und Umweltzerstörung bzw. Ressourcenverbrauch

Schon 1930 schrieb John Maynard Keynes unter dem schönen Titel *Wirtschaftliche Möglichkeiten für unsere Enkelkinder*: »Wenn das Kapital um, sagen wir zwei Prozent pro Jahr wächst, wird sich die Kapitalausstattung der Welt in 20 Jahren um die Hälfte vergrößert haben, und siebeneinhalbmal in 100 Jahren. Stellen Sie sich das einmal in Form stofflicher Dinge vor – Häuser, Transportmittel und ähnliches.« Heute stellt sich diese Frage viel dramatischer: Wenn die Ökonomie um 3% pro Jahr wächst (wie heute gemeinhin angenommen wird), dann bedeutet dies eine Verdopplung in nur 23 Jahren, bis 2050 eine Verdreifachung und bis 2100 eine Vervierzehnfachung des Werts der globalen Ökonomie – stellen Sie sich das einmal in Form von materiellen Gütern und Dienstleistungen vor, Autos, Flugzeuge, verbrannter fossiler Ressourcen, Kohlenstoff in der Athmosphäre, ausgestorbener Arten, Abholzungen des Regenwaldes, Klimaflüchtlingen und Slums.

Doch halt – bedeutet denn eine Verdopplung des BIP, dass 2034 auch doppelt soviel Arten sterben, Kohlenstoff ausgestoßen und fossile Ressourcen verbraucht werden? Nein, denn Produktionsprozesse werden effizienter, erneuerbare Energien setzen sich durch, Dienstleistungen gewinnen eine stärkere Bedeutung. Die Wirtschaft, so die weitverbreitete Hoffnung der ökologischen Modernisierung, wird zunehmend weniger abhängig von materiellem Durchsatz (z.B. Ressourcen, Kohlenstoffausstoß, Müll), die Ökonomie wird »dematerialisiert« und kann daher immer weiter wachsen, ohne die ökologischen Grenzen zu sprengen oder die Ressourcen aufzubrauchen.

Dieses Entkopplungsargument – die am weitesten verbreitete Reaktion auf die ökologischen Probleme wachsender Industrienationen – ist ein technokratisches Modell zur Umgestaltung und Dematerialisierung der Ökonomie, durch das Wachstum und Umwelt in Einklang gebracht werden sollen. Im Kern geht es um Effizienzsteigerungen, also darum, mit weniger mehr zu machen: mehr Wirtschaftsleistung bei weniger Naturzerstörung, mehr Güter und Dienstleistungen bei weniger Ressourcenverbrauch und weniger Emissionen. Anstatt das notwendige Weniger in den Blick zu nehmen, liegt der Fokus auf dem vermeintlichen problemlosen Anders oder Besser. Die Hauptfrage ist dabei, um welchen »Faktor« sich die Effizienz steigern lässt, d.h. ob wir beispielsweise in 20 Jahren mit einer Energie- oder Ressourceneinheit zweimal, fünfmal oder zehnmal soviel Wirtschaftsleistung produzieren können wie heute.

Das wichtigste Problem der Entkopplungsstrategien ist, dass sie den so genannten Rebound-Effekt nicht in Betracht ziehen, welcher Effizienzmaßnahmen durch einen Mehrverbrauch zunichte macht.

Bereits 1865 hat der britische Ökonom William S. Jevons in *The Coal Question* beschrieben, wie die Erfindung der kohleeffizienten Dampfmaschine nicht etwa zu einem Rückgang des Kohleverbrauchs führte, sondern zu einem steilen Anstieg. Dieses Phänomen, so die seitdem entwickelte These des Rebound-Effekts, tritt in allen Bereichen auf und macht Konzepte, die auf reine Effizienzsteigerungen setzen, mehr als fragwürdig. Zum einen gibt es den *direkten Rebound-Effekt*: Durch Effizienzsteigerungen sinken die Preise, was die Nachfrage stärkt. Ein berühmtes Beispiel ist die Einführung der Wolfram-Glühlampen im frühen 20. Jahrhundert, die nur ein Viertel der Energie verbrauchten, wie

Relative und absolute Entkopplung

In der Diskussion zu den Grenzen des Wachstums ist es zentral, zwischen zwei verschiedenen Formen der Entkopplung zu unterscheiden – die Vernachlässigung dieses Unterschieds führt zu groben Fehlern in der Argumentation vieler Wachstumsoptimisten.

Relative Entkopplung bedeutet eine Abnahme der ökologischen Intensität pro Einheit des Wirtschaftsprodukts. Der Ressourcenverbrauch bzw. die Belastung der Senken nehmen relativ zum BIP ab, doch sie verringern sich nicht in absoluten Zahlen. Die Effizienzsteigerungen durch neue Technologien werden überkompensiert durch das stärkere Wachstum der Wirtschaft. Der Verbrauch fossiler Brennstoffe oder der Ausstoß von CO_2 können in dieser Situation weiter wachsen, aber mit einer Geschwindigkeit, die langsamer ist als das Wachstum des BIP.

Absolute Entkopplung hieße, dass der Einfluss der Ökonomie auf die Umwelt oder der Ressourcenverbrauch absolut zurückgeht, während die Wirtschaft weiter wächst. Dass heißt, dass das BIP zunähme, während sich beispielsweise die CO_2-Emissionen absolut gesehen reduzierten. Diese Form von Entkopplung ist demnach eine viel größere Herausforderung. Angesichts der Notwendigkeit, die Kohlenstoffemissionen um 95% zu senken und in absehbarer Zeit ohne fossile und andere endliche Brennstoffe zu wirtschaften, ist es absolute und nicht relative Entkopplung, die so dringend notwendig wäre, um trotz einer Wachstumsökonomie innerhalb der ökologischen Grenzen zu bleiben.

bisherige Glühbirnen. Diese drastische Effizienzsteigerung bewirkte jedoch nicht Einsparungen, sondern einen starken Anstieg des gesamten Energieverbrauchs. Dies lässt sich auf fast alle Effizienzsteigerungen übertragen – die höhere Effizienz von Automotoren beispielsweise hat nicht zu einer Reduktion des Energieverbrauchs geführt, sondern zu mehr spritschluckender Technik in Autos (Klimanalage, Fensterheber etc.), zu mehr Autos und zu mehr Fahrten. Daneben gibt es *indirekte Rebound-Effekte*: Wer dank der Effizienzsteigerung Energie und damit Geld spart, gibt es für anderes aus, das auch Energie verbraucht. Durch Effizienzsteigerungen bewirkte Veränderungen der Lebensweisen und des Konsumverhaltens können den gesamten Verbrauch steigern. Wird beispielsweise das Auto effizienter, verändern sich Siedlungsstrukturen und Normen, was schließlich ein bestimmtes

Verkehrsverhalten erzwingt: Die Wege werden länger, der Benzinverbrauch steigt. Auch makroökonomisch ist der Rebound-Effekt sehr stark. Führen die Effizienzsteigerungen zu einer Erhöhung des gesamten Verbrauchs, so spricht man von *Backfire*. Eine Vielzahl an Studien zeigt, dass effizientere Ressourcennutzung bisher nicht zu Umweltentlastung geführt hat, sondern sehr oft zum Gegenteil (vgl. Breakthrough-Institute 2011).

Mission impossible: Entkopplungsstrategien auf dem Prüfstand

Es gibt unterschiedliche Indikatoren, um die ökologische Intensität der Ökonomie zu messen. Einer der wichtigsten Indikatoren ist die *Emissions-* oder *Kohlenstoffintensität*. Diese misst, wie viel CO_2 pro Einheit des BIP emittiert wird. Hier gibt es deutliche Anzeichen für eine *relative* Entkopplung: Die globale Kohlenstoffintensität hat sich zwischen 1980 und 2006 um fasst ein Viertel reduziert, von 1 Kg CO_2 pro US-Dollar auf 770 g CO_2 pro US-Dollar. Diese Effizienzsteigerungen sind – wie auch bei den anderen Indikatoren – vor allem in OECD-Ländern konzentriert, d.h. in den Ländern, die ein hohes Einkommen und daher finanzielle Ressourcen für Effizienzsteigerungen haben. In anderen Regionen – wie dem Mittleren Osten und Indien bis Mitte der 1990er Jahre – hat die Kohlenstoffintensität sogar zugenommen (Jackson 2008:. 70; vgl. auch http://tonto.eia.doe.gov/cfapps/ipdbproject/IEDIndex3.cfm). Die schlechte Nachricht ist jedoch, dass das Wirtschaftswachstum viel schneller war als die Effizienzsteigerungen. Global haben die CO_2-Emissionen seit 1970 trotz aller Innovationen, dem Übergang zur Dienstleistungs- und High-Tech-Gesellschaft, um 80% zugenommen, und sind allein seit dem Basisjahr des Kyoto-Protokolls 1990 um fast 40% gewachsen! Und es gibt kaum Anzeichen für Wandel: Seit 2000 hat die Kohlenstoffintensität sowohl in der Dritten Welt wie in den reichen Industrieländern wieder leicht *zugenommen!*

Das bedeutet, dass jedes Mal, wenn Regierungen sich selbst für die hohen Wachstumsraten gratulieren, die CO_2-Konzentration in der Atmosphäre ansteigt und sich der Klimawandel beschleunigt. Von 2000 bis 2008 sind CO_2-Emissionen mit 3,5% pro

Jahr gewachsen. Und auch bei anderen Indikatoren wie *Materialintensität* oder *Energieintensität* ergibt sich ein ähnliches Bild: Relative Entkopplung findet statt, die Effizienzsteigerungen reichen jedoch nicht für eine absolute Entkopplung oder gar die notwendige Reduzierung.

Wie in der globalisierten Ökonomie die Verantwortung für Klimawandel outgesourct wird

Historisch, so ein weitverbreitetes Argument, entwickeln sich Ökonomien mit steigendem Einkommen weg von der Schwerindustrie und werden zu weniger energieintensiven, »post-industriellen« Dienstleistungsökonomien. Dieses Argument basiert jedoch auf den Tatsachen verzerrenden Methoden der nationalen statistischen Erfassung von Kohlenstoffemissionen und der Kohlenstoffintensität nationaler Ökonomien. In Wirklichkeit ist es ganz anders. In einer globalisierten Ökonomie reicht es nicht zu schauen, wie die Mehrheit der Bevölkerung ihre Brötchen verdient, sondern es geht darum, wie und was sie konsumieren. Weil hohe Einkommen zu höherem Konsum führen, steigern die hochtechnologischen, »sauberen« Dienstleistungsgesellschaften den globalen Energie- und Materialdurchsatz. Anstatt ihre Ökonomien ökologisch umzubauen, verlagern die reichen OECD-Staaten ihre Produktion in Schwellenländer (Outsourcing).

Wie viel macht das aus? 2001 waren über fünf Milliarden Tonnen CO_2 über den internationalen Handel als »Rucksäcke« in Güter und Dienstleistungen eingebettet. Fast alle diese Waren wurden von Entwicklungsländern in die reichen Länder verkauft. Das bedeutet, fünf Milliarden Tonnen CO_2-Emissionen pro Jahr, die vom globalen Norden verantwortet werden, jedoch nicht in den Statistiken der reichen Länder auftauchen. Das entspricht mehr als dem jährlichen Ausstoß aller 25 EU-Länder zusammen! Seit 2001 hat sich dies noch einmal verschärft.

Dies bedeutet, dass in einer globalisierten Ökonomie die Messung des CO_2-Ausstoßes und der CO_2-Intensität *auf nationaler Ebene* anhand der *Produktion von* CO_2 die realen Verantwortlichkeiten massiv verfälscht. Beide müssen *global* gemessen werden. Und für die nationale Ebene ist der *Konsum* wesentlich zentraler – Indikatoren hierfür sind z.B. der ökologische Fußabdruck (http://www.footprintnetwork.org; NEF 2008: 45).

CO_2 runter, Wachstum rauf? Klimawandel als grundlegende Herausforderung

Die Biokrise hat viele Gesichter. Seit einigen Jahren steht jedoch vor allem der Klimawandel im Zentrum internationaler Diskussionen und Politikprozesse. Infolge des vierten Berichts des IPCC (Intergovernmental Panel on Climate Change) hat sich weltweit ein Konsens herausgebildet: Die weitere Verbrennung fossiler Energien bei gegenwärtigen Trends würde zur Erderwärmung von über 4°C führen. Doch bereits ab einer Erderwärmung von über 2°C würden so genannte Kipppunkte (tipping points) den Klimawandel vollkommen unkontrollierbar machen und dramatisch beschleunigen. Der damit einhergehende irreversible Zusammenbruch ganzer Ökosystemen hat dramatische menschliche soziale aber auch ökonomische Folgen. Das 2°C-Ziel – eine sehr umstrittene hegemoniale Festlegung – bedeutet für die reichen Länder bereits eine Reduzierung des CO_2-Ausstoßes von über 80% bis 2050. Neuere Forschungen zeigen, dass bereits deutlich geringere Erwärmungen Kipppunkte auslösen könnten. Und was für die einen ein erstrebenswertes Ziel globalen Umweltmanagements ist, hat für andere existenzielle Folgen – die pazifischen Inselstaaten fordern daher ein Ziel von 1,5°C.

Wie realistisch ist jedoch nur die Erreichung des weniger ambitionierten 2°C-Ziels bei gleichzeitigem globalen Wachstum? Die von der britischen Regierung eingesetzte *Sustainable Development Commission* (SDC) hat dazu Berechnungen vorgelegt (vgl. auch Jackson 2009). Die notwendigen Effizienzsteigerungen, die sie errechnet, sind atemberaubend: Wenn von dem 2°C-Ziel ausgegangen wird, ist eine Stabilisierung der CO_2-Konzentration in der Atmosphäre bei 450 ppm (parts per million CO_2-Äquivalente) notwendig (viele WissenschaftlerInnen halten eine Reduktion auf 350 ppm für notwendig). Dies ist nur möglich, wenn die globalen Kohlenstoffemissionen bis 2050 unter 4 Milliarden Tonnen pro Jahr sinken. Das entspricht einer jährlichen Reduktion um durchschnittlich 4,9%. Um abzuschätzen, wie stark die relative

Entkopplung sein müsste, um eine solche absolute Reduktion zu erreichen, greift die britische Nachhaltigkeitskommission auf das sehr einfache und in der Umweltökonomie weitverbreitete IPAT-Modell zurück. Es besagt, dass der Einfluss auf die Umwelt (I für impact) das Produkt ist von Bevölkerung (P für population), Einkommensniveau (A für affluence) und Technologieintensität (T).

$$I = P \times A \times T$$

Auf unseren Fall angewendet heißt das, die globalen CO_2-Emissionen (C) sind das Produkt von drei Variablen: Bevölkerung (P) mal durchschnittliches Einkommen (gemessen als BIP/Person) mal der Kohlenstoffintensität der Ökonomie (gemessen als g CO_2/$):

$$CO_2 = \text{Bevölkerung} \times \text{BIP pro Kopf} \times \text{Kohlenstoffintensität}$$

$$CO_2 = P \times \$/\text{Person} \times g\ CO_2/\$$$

Laut Schätzungen der UN wird die weltweite Bevölkerung bis zum Jahr 2050 neun Milliarden Menschen umfassen, das entspricht einem durchschnittlichen Wachstum von 0,7%. Angenommen, dies gilt als realistische Voraussage, so ist die spannende Frage: Wie stark müsste die Kohlenstoffeffizienz steigen, damit die notwendige Reduktion bei gleichzeitigem Wachstum möglich ist? Seit 1990 haben Effizienzsteigerungen dazu geführt, dass sich global die Kohlenstoffintensität um durchschnittlich 0,7% pro Jahr verringert hat. Das ist viel zu wenig, es gleicht gerade einmal das projizierte Bevölkerungswachstum aus. Wenn sich die Kohlenstoffintensität nicht verändert (im Moment verschlechtert sich die Effizienz sogar), würde der CO_2-Ausstoß ungefähr dem Wirtschaftswachstum pro Kopf entsprechen. Bei gegenwärtigen Trends liegt dieses bei 1,4%. Das klingt wenig, heißt aber, dass bis 2050 Kohlenstoffemissionen 80% höher sind als heute! Um unter diesen Voraussetzungen die notwendigen CO_2-Reduktionen zu erreichen, brauchen wir eine drastische Verbesserung der CO_2-Effizienz. Um wie viel Prozent? Dies lässt sich mit der Formel nun leicht ausrechnen: 0,7% Bevölkerungswachstum + 1,4% per capita Wachstum + 4,9% CO_2-Reduktion = 7% notwendige Verbesserungen der Kohlenstoffintensität der Wirtschaft *pro Jahr*. Bis 2050 wäre die Ökonomie 21-mal so CO_2-effizient wie heute. D.h. aber, die Effizienzsteigerungen müssten fast zehnmal so schnell passieren, wie in den letzten 20 Jahren! Ist das realistisch?

Wohl kaum, und auch das würde nicht ausreichen. Denn dies wäre eine ausgesprochen ungleiche Welt. Wer es nur halbwegs ernst meint mit globaler Gerechtigkeit, der muss auch wollen, dass der globale Süden auf ein ähnliches Einkommensniveau kommt wie die reichen Länder heute! Daher entwickelt die SDC ein Szenario, das davon ausgeht, dass bis 2050 die ganze Welt das Einkommensniveau von Europa erreicht hat und dieses Einkommensniveau um 2% pro Jahr gewachsen ist. Die Effizienzsteigerungen müssten dann bis 2050 eine CO_2-Intensität von nur 6g CO_2/$ erreicht haben, die Wirtschaft wäre 130-mal so CO_2-effizient wie 2007!

Dies sind hochspekulative Zahlen. Niemand weiß, ob es prinzipiell möglich wäre, weiter zu wachsen, und gleichzeitig die ökologischen Grenzen nicht zu sprengen. Doch angesichts der hier diskutierten Daten ähnelt das Beharren auf der Möglichkeit grünen Wachstums dem Glauben an ein Wunder. Selbst wenn zunächst weniger ambitionierte Ziele anvisiert werden, wird der Realismus der Effizienzsteigerungspolitik als zentrale Strategie schnell zum Utopismus. Die Vision absoluter Entkopplung von Wirtschaftswachstum und Emissionen bzw. Ressourcenverbrauch ist aus mehreren Gründen eine Illusion:

- Es gibt bisher nur sehr wenige Beispiele für absolute Entkopplung – meist ist diese nur relativ. Der globale Norden muss seinen Verbrauch jedoch absolut senken, und zwar sehr viel und sehr schnell.
- Die in einigen Fällen beobachtbare relative Entkopplung und Dematerialisierung der Ökonomien der Industrienationen basiert weitgehend auf der Verlagerung dreckiger und ressourcenintensiver Industrien in die Schwellen- und Entwicklungsländer, deren Naturverbrauch daher massiv ansteigt.
- Auch wenn es ein großes Potenzial zur Steigerung der Energie- und CO_2-Effizienz gibt, ist es doch theoretisch fragwürdig, ob sich technische Effizienzsteigerungen unendlich fortsetzen lassen (besonders angesichts des empirisch beobachtbaren tendenziellen Falls der Effizienzsteigerungsraten).
- Ein zentrales Problem wird oft nicht mitbedacht: Angenommen, absolute Entkopplung wäre rein technisch tatsächlich möglich, was für soziale und ökonomische Bedingungen

Abbildung 2: CO_2-Effizienz 2007 und 2050

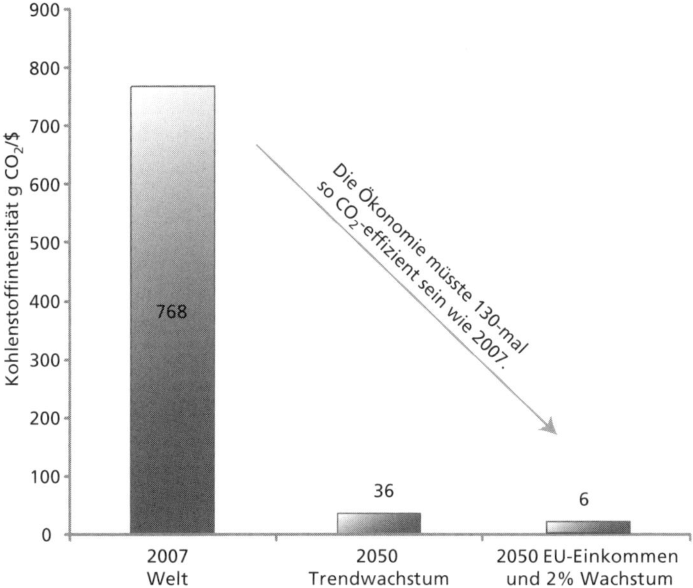

Quelle: Szenarien der Sustainable Development Commission, vgl. Jackson 2009

wären notwendig, um diese zu realisieren (Machtverteilung, Profitorientierung, Investitionslenkung, Verteilungspolitik)?

- Völlig unklar ist, wie die notwendige Entkopplung in einer Welt mit bis 2050 neun Milliarden Menschen stattfinden soll, die alle ein Anrecht auf einen vergleichbaren Lebensstandard haben.

Peak Oil: Von der Knappheit zum Mangel

Klimawandel und die Beschränktheit der Entkopplungsstrategien machen deutlich, das weiteres Wachstum im Norden Lebensmöglichkeiten vor allem im Süden zerstört und moralisch zu verurteilen ist. Die Begrenztheit der Ressourcen, vor allem Öl und Gas, könnten es bald *unmöglich* machen. Im Jahr 1956 präsentierte der Geophysiker Marion King Hubbart vor dem *American Petro-*

leum Institute seine »Peak Oil«-Theorie. Diese besagt, dass die Ölförderung eines jeden Ölfeldes oder einer Summe von Ölfeldern einer bestimmten Region nach dem Erreichen eines Fördermaximums, dem Peak (engl. für Höhepunkt) rasch abfalle und somit einen glockenförmigen Verlauf nähme. Mit Hilfe dieser Theorie prognostizierte er, dass die Produktion von konventionellem Öl in den USA in den Jahren 1965-1970 ihren Höhepunkt erreichen würde. Im November 1970 stellte sich heraus, dass er tatsächlich Recht gehabt hatte. Inzwischen haben weitere Förderregionen ihren Höhepunkt überschritten: zum Beispiel Großbritannien (1999) mit seinem Nordsee-Öl und Mexiko (2005).

Lange dominierte allerdings in der Öffentlichkeit die Position, dass die fossilen Ressourcen so reichlich vorhanden sind, dass ein Mangel erst in vielen Jahrzehnten auftreten würde. Durch technologischen Fortschritt und die Erschließung neuer Öl- und Gasvorkommen würde sich die Erschöpfungsgrenze immer weiter verschieben lassen. Doch bereits seit Jahrzehnten warnen Analysten, Insider aus der Industrie und *whistle-blower* aus der *Internationalen Energieagentur* (IEA) davor, dass die offiziellen Projektionen über das verbleibenden Öl- und Gasvorkommen maßlos übertrieben sind. Diese kritischen Stimmen wurden in den vergangenen Jahren immer lauter. Ein hochrangiger Mitarbeiter der IEA packte erst kürzlich aus: Er berichtete, dass die US-Regierung massiven Druck auf die Agentur ausgeübt habe, in ihren Jahresberichten, dem World Energy Outlook (WEO), die Geschwindigkeit der Abnahme der Fördermenge der bereits existierenden Ölfelder herunterzuspielen und die Wahrscheinlichkeiten, neues Öl zu finden, zu übertreiben. Das verwundert kaum. Schließlich hat die 1974 nach dem ersten »Öl-Schock« gegründete Organisation die strategische Aufgabe, die Energieversorgung der OECD-Staaten sicher zu stellen. Der WEO gilt in vielen Ländern als Grundlage für nationale Energiepolitiken – die Projektionen waren auch in der Vergangenheit immer wieder umstritten. So hatte die IEA noch 2005 die Fördermenge für das Jahr 2030 auf 120 Millionen Barrel pro Tag geschätzt, wurde aber durch die realen polit-ökonomischen Entwicklungen der Petroindustrie gezwungen, diese Zahl in den nächsten Jahren auf 116 und 2009 auf 105 Millionen Barrel pro Tag zu senken. Der bereits zitierte Mitarbeiter der IEA sagt offen: »Viele in der Organisation halten sogar die Aufrechterhaltung des Ölangebots von 90 oder 95 Millionen Barrel pro Tag für unmöglich, fürchten aber, dass auf den Finanzmärkten Panik ausbrechen würde, wenn die Prognosen noch weiter gesenkt würden.« Ein anderer hochrangiger Mitarbeiter der IEA erklärte im November 2009 der britischen Zeitung Guardian: »Wir sind bereits in die ›Peak-Oil-Zone‹ eingetreten. Ich denke, die Situation ist wirklich schlimm.«

Im Jahresbericht der Internationalen Energieagentur von 2010 heißt es nun: »Das Zeitalter des billigen Öls ist vorbei.« Denn die IEA gesteht ein, dass die Förderrate der aktiven Ölfelder sich bereits im Niedergang befindet. Allerdings geht sie davon aus, dass Neuentdeckungen, Ölsande und flüssiges Erdgaskondensat trotzdem eine weitere Steigerung der Ölversorgung erlauben. Kjell Aleklett, Vorsitzender der *Association for the Study of Peak Oil & Gas*, bestreitet dies. Denn aktuell wird mit 30 Mrd. Barrel Öl doppelt soviel pro Jahr konsumiert, als neu entdeckt wird. Der Höhepunkt der Entdeckung von Ölressourcen wurde bereits 1964 überschritten und sinkt seitdem kontinuierlich. Daran können auch gelegentliche medial viel beachtete Funde in den letzten Jahren, wie z.B. das brasilianische Tupi-Feld und weitere in extremen 5.000-7.000 Metern unter dem Meeresspiegel, nichts ändern. Es ist daher kein Wunder, dass eine wachsende Zahl unabhängiger Studien das Fördermaximum auf die Jahre 2006 bis 2015 datiert. Ein Team von Geologen hat im *Uppsala World Oil Outlook* die Zahlen des IEA drastisch nach unten korrigiert mit dem Ergebnis, dass die verfügbaren fossilen Energieressourcen, alle neuen Funde eingerechnet, noch in diesem Jahrzehnt jährlich um 5 bis 8% zurückgehen werden. Und auch das *Zentrum für Transformation der Bundeswehr* konstatiert in seiner Studie »Sicherheitspolitische Implikationen knapper Ressourcen« (2010), »dass der Peak Oil bereits um das Jahr 2010 zu verorten ist.«

Für soziale Bewegungen ist es unerheblich, in welchem Jahr genau das Fördermaximum erreicht sein wird. Außerdem gibt es eine Vielzahl anderer Gründe, sich für eine weitgehend öl-unabhängige Ökonomie zu engagieren: Ressourcenkriege wie im Irak, regionale

Umweltzerstörung wie in Nigeria, Gesundheitsschäden, Vertreibungen etc. Wichtig ist allerdings, dass ein tatsächlicher Mangel an Öl im Verhältnis zum Bedarf drastische Konsequenzen für die Existenz des globalisierten fossilistischen Kapitalismus haben könnte. Die Wahrscheinlichkeit ist hoch, dass sich die Rahmenbedingungen für die Durchsetzung sozialer Rechte und sozialer Gleichheit in einer solchen Situation gravierend verschlechtern.

Für die Ökonomie, wie wir sie kennen, wäre eine rasche Abnahme der Verfügbarkeit von Öl ein veritabler Schock. Als Rohstoff prägt Öl die gesamte Produktions- und Lebensweise. 95% aller industriell gefertigten Produkte hängen heute von Erdöl ab. Es dient als Rohstoff und Basis für so unterschiedliche Produkte wie Pharmazeutika, Düngemittel, Farbstoffe und Textilien. Bedeutender aber noch ist Öl als Energieträger: Die kapitalistische Produktionsweise und das schnelle Wirtschaftswachstum seit der Industriellen Revolution basieren grundlegend auf der Ausbeutung der billigen fossilen Energierohstoffe Öl, Gas und Kohle. Historisch ist Wirtschaftswachstum direkt an die Förderung dieser Stoffe gekoppelt, denn die für kapitalistische Akkumulation so typischen hohen Wachstumsraten waren nur möglich durch eine Kombination von Profitorientierung mit einer Kraftquelle, die es erlaubte, die Arbeitsproduktivität deutlich zu steigern. Mit seiner Flexibilität und hohen Energiedichte ist Öl dafür optimal geeignet. Mit 37% am globalen Energiemix (2006) ist Öl daher der wichtigste Energieträger.

Die zentrale Frage für die Zukunft von globalem Wachstum ist, ob zu einem Zeitpunkt in der nahen Zukunft aus einer Knappheit am Ölmarkt ein tatsächlicher Mangel an Energie wird, d.h. ein Angebot nicht mehr oder nur noch bei so hohen Preisen existiert, dass dem Kapitalismus die energetische Basis in Form von Öl und Gas weg bricht und nicht (schnell genug) ersetzt werden kann. Zahlreiche WachstumskritikerInnen betrachten ein solches Szenario als wahrscheinlich, wenn das Wirtschaftswachstum der frühindustrialisierten Länder des Nordens und der Schwellenländer ungebremst weitergeht – selbst wenn dies ein Wachstumsmodell ist, bei dem erhebliche Bemühungen in Energieeffizienz fließen. Wie dramatisch eine solche Wachstumsbremse wirken würde, hinge davon ab, wie rasant die Förderraten zurückgehen würden. Ökonomische Kollaps-Szenarien lassen sich leicht ausmalen, wenn es einer Ökonomie, die auf globalen Produktionsketten beruht, plötzlich an Treibstoff mangelt. Eine hohe Wahrscheinlichkeit, dass Öl auf lange Sicht – und auf die kommt es an – nicht in dem notwendigen Maße durch andere Energieträger oder erneuerbare Energien ersetzt werden kann, ist gegeben. In diesem Fall würde unfreiwillig Schrumpfung eingeleitet (»hard landing«). Allerdings in einer Form, die nichts von einer solidarischen Postwachstumsökonomie hätte. Und die sozialen und ökologischen Katastrophen, die schon jetzt das globale Energiesystem bestimmen (Deepwater Horizon), würden sich bei der Auseinandersetzung um die übrigen Reserven weiter zuspitzen.

Wir haben versucht zu zeigen, dass selbst die progressivsten öko-keynesianischen Konzepte die sozial-ökologischen Krisen nicht lösen können, sondern durch ihren Wachstumskurs noch verschärfen, und plädieren daher für eine Postwachstumsökonomie. In Kapitel 7 wird diese genauer ausgeführt – hier skizzieren wir nur grob die wichtigsten Unterschiede. In beiden Ansätzen geht es darum, massiv öffentliche Investitionen in ökologisch sinnvolle Bereiche wie erneuerbare Energien und ökologische Sanierung zu kanalisieren, Finanzmärkte zu reregulieren und gesellschaftlich umzuverteilen. Im Unterschied zum Öko-Keynesianismus setzt Postwachstum *darüber hinaus* auf

- selektives Wachstum *und* selektives Schrumpfen (der fossilistischen Ökonomie) – der Aspekt der Kontraktion wird in GND-Konzepten (so z.B. von Bütikofer und Giegold 2010) ignoriert, sie setzen nur auf grünes Wachstum;
- als Konsequenz ein Abnehmen des BIP im Norden bis zu einem ökologisch und im globalen Kontext sozial verträglichen Maß;
- die konsequente Durchsetzung globaler sozialer Rechte für alle statt Perpetuierung der Ungleichheiten durch einen grünen Wachstumsboom im Norden;
- eine schrittweise grundlegende Veränderungen der Produktions- und Lebensweise statt ökologische Modernisierung.

5. Triebkräfte des Wachstums

Wachstumstheorie in den Wirtschaftswissenschaften

Die klassischen Ökonomen, von Adam Smith über David Ricardo bis hin zu John Stuart Mill, hatten nur rudimentäre Erklärungen für Wirtschaftswachstum. Sie alle teilten die Vorstellung eines Endes des Wachstums, eines durch Abnahme des Bevölkerungswachstums und sinkende Erträge verursachten stationären Zustands. Die Wachstumstheorie in der heutigen Wirtschaftswissenschaft entstand erst in den Jahren nach der letzten großen Weltwirtschaftskrise. Die Vorstellung eines unendlichen Wachstums geht zurück auf die post-keynesianische Wachstumstheorie, die Roy F. Harrod (1939) und E.D. Domar (1946) ausarbeiteten. Im Zentrum dieser Theorierichtung stand folgende damals neue Idee: Kapitalistische Entwicklung muss nicht notwendigerweise krisenhaft verlaufen. Auf jede Phase schnellen Wachstums folgt nicht notwendigerweise wieder eine Rezession, sondern es ist möglich, über staatliche Nachfragesteuerung und im Rahmen eines stabilen und gleichgewichtigen Wachstums Krisen zu vermeiden. Neu war hieran vor allem die Idee – die sich in den 1940er Jahren in der US-Regierung und durch gewerkschaftliche Kämpfe durchsetzte und dann einen internationalen Siegeszug antrat –, dass der Staat die Verantwortung für das Wachstum der Ökonomie trage, dass dies kein naturwüchsiger unkontrollierbarer Prozess sei.

Das schnelle Wachstum nach dem Zweiten Weltkrieg führte auch in der konventionellen, heute dominierenden neoklassischen Theorie – die im Wesentlichen eine statische Gleichgewichtstheorie ist – dazu, dass sich mit Robert M. Solow (1956) eine besondere Wachstumstheorie etablierte. Für die neoklassische Theorie stellte sich zu dieser Zeit die Frage, ob Wachstum aus der Zunahme der Produktionsfaktoren Arbeit und Kapital erklärt werden könne. Arbeit bezieht sich in diesem Zusammenhang auf die in Erwerbsarbeit beschäftigten Menschen; und Kapital ist die Summe der produzierten Produktionsmittel, die sich durch Nettoinvestitionen vergrößert. Da das Wachstum dieser beiden Faktoren jedoch nicht das historisch zu beobachtende viel schnellere Wirtschaftswachstum erklären konnte, führte Solow »technischen Fortschritt« als zusätzliche Erklärung ein. Die Theorie ist immer noch umstritten, wurde in den 1980er Jahren auch durch »endogene« Wachstumstheorien weiterentwickelt, ihr Grundgerüst prägt jedoch bis heute die wirtschaftswissenschaftlichen Theorien. Wachstum wird demnach durch qualitative und quantitative Veränderungen der Produktionsfaktoren sowie technischen Fortschritt erklärt:

a) Arbeit: Bevölkerungswachstum, Zunahme des Anteils der Erwerbstätigen (z.B. mehr Frauen auf dem Arbeitsmarkt), Veränderungen des Humankapitals durch Bildung
b) Kapital: Mehr oder bessere Produktionsmittel und -anlagen, nimmt relativ konstant zu
c) Technologischer und sozialer Fortschritt: z.B. Effizienzsteigerungen, Strukturwandel, Rolle von Ideen und Institutionen

Die neoklassischen Wachstumstheorien vernachlässigen jedoch einige zentrale Faktoren, die wichtig sind, um Wachstum zu verstehen: die Bedeutung natürlicher Ressourcen, die Einbettung in die Natur, die Bedeutung nicht-bezahlter (Reproduktions-)Arbeit, die Rolle des Geldes in der Ökonomie, Akkumulation und insbesondere die Profitorientierung als zentrale Triebkraft. Einige der wichtigsten Triebfedern – allerdings nur ein unvollständiger Ausschnitt dieser großen Fragestellung – werden im Folgenden diskutiert (siehe auch Kapitel 7).

Akkumulation und Profit in der Wachstumsspirale

Der grundlegendste Wachstumszwang ergibt sich aus der Systemlogik der kapitalistischen Wirtschaftsweise selbst. Letztlich wird das Wirtschaftssystem durch ein dominierendes Motiv ökonomischen Handelns angetrieben: die Selbstverwertung des Kapitals. Die Besitzenden investieren ihr Geld nur dann in ein Unternehmen, wenn sie davon ausgehen, dass sie dieses Geld als eine größere Summe zurückbekommen. Geld wird zu Kapital, wenn es als Investition in ein Unternehmen gesteckt wird, um damit Rohmaterialien, Maschinen und Arbeitskräfte zu kaufen, die dann wieder verkauft werden zu einem Geldbetrag, der höher ist als die anfangs investierte Summe. Die Differenz ist der Profit und fließt an diejenigen zurück, die das Anfangskapital investiert haben, um die Waren zu produzieren. Er wird größtenteils erneut investiert und macht den Kreislauf zu einer Wachstumsspirale. Die Erzielung dieses Profits, dieses Mehr, ist die unabdingbare Bedingung und Existenzvoraussetzung eines jeden Unternehmens – denn es herrschen Konkurrenz und Wettbewerb. Wenn Unternehmen keinen Profit erwirtschaften, oder dieser zu niedrig ist, können sie nicht lange existieren und müssen Konkurs anmelden. Deshalb muss jedes Unternehmen bei Strafe des eigenen Untergangs versuchen, durch Kostensenkungen, Produktinnovationen und bessere Organisation seine Konkurrenten aus dem Rennen zu verdrängen und die Gewinnmarge zu erhöhen. Im globalisierten Finanzmarktkapitalismus wurden Konkurrenz und Renditedruck noch verschärft – staatliche Regulierungen wurden abgebaut, ökonomische Grenzen für Güter und Kapital geöffnet und ein weltweiter Wettbewerb um ausgesprochen mobiles Finanzkapital entbrannte.

Daraus entsteht zum einen ein Wachstumszwang für die gesamte Ökonomie: Der gesamtwirtschaftliche Gewinn, der gesellschaftliche Durchschnittsprofit, muss mindestens so hoch sein wie die Inflationsrate, sonst besteht im Durchschnitt kein Anreiz für Unternehmen zu investieren. Gleichzeitig forciert die Wettbewerbsdynamik auf liberalisierten und deregulierten Märkten einen Wachstumsdrang, durch den Unternehmen bestrebt sind, möglichst hohe Umsätze und Gewinne zu erwirtschaften (vgl. Binswanger 2009; Biesecker 2011; Exner et al. 2008).

Muss daher eine kapitalistische Ökonomie notwendigerweise wachsen? Und weist eine Postwachstumsökonomie notwendigerweise über den Kapitalismus hinaus? Diese Frage ist viel diskutiert und in unterschiedlichste Richtungen beantwortet worden. Die historische Erfahrung zeigt, dass Stagnations- oder Schrumpfungsphasen, wenn sie regional oder zeitlich begrenzt sind, nicht unmittelbar das historische Ende der kapitalistischen Wirtschaftsweise einläuten. Klar ist auch, dass sich bereits bei niedrigen Wachstumsraten, besonders jedoch in Schrumpfungsperioden, soziale und politische Krisen verschärfen. Denn: In einer stagnierenden Ökonomie sind wachsende Profite nicht mehr für das gesamte Kapital eines Wirtschaftsraums möglich. Wenn die gesamte Profitmenge abnimmt, nehmen soziale Spannungen zu, da Vermögensbesitzende versuchen, auf Kosten der Beschäftigten und der Gesellschaft (geringere Löhne, höhere Naturbelastung etc.) ihren Anteil am schrumpfenden Kuchen zu erhöhen.

Wie könnte ein Kapitalismus ohne Wachstum aussehen? Zum einen könnte es zu einer Verschärfung des Wettbewerbs sowie einer damit einhergehenden Beschleunigung der Kapitalkonzentration kommen, wenn einzelne Unternehmen sich kontinuierlich wachsende Profite durch Verdrängung anderer Besitzer sichern. Zweitens ist es prinzipiell möglich, dass nur noch Ersatzinvestitionen getätigt werden, in die Ausweitung der Produktion nicht mehr investiert wird, und der verbleibende Gewinn allein in Luxuskonsum fließt (d.h. jenseits von Ersatzinvestitionen wird der gesamte gesellschaftliche Profit von den Wohlhabenden verbraucht). Der erste Weg führt in Richtung eines krisenhaften Monopolkapitalismus, der zweite zu einem von zunehmenden Ungleichheiten und Tendenzen rapider Refeudalisierung geprägten Elendskapitalismus. Beides gilt es zu verhindern. Wenn Stagnations- oder Schrumpfungsprozesse im Kapitalismus stattfinden, bleibt daher in einer Perspektive sozialer Gerechtigkeit nur der dritte Weg: eine radikale Umverteilung. Denn wenn tatsächlich so massiv umverteilt würde, dass kontinuierlich wachsende Gewinne nicht möglich sind (z.B. weil über die Festlegung von Maximaleinkommen und Kapitalsteuern sichergestellt ist, dass aller zusätzlicher Gewinn umverteilt würde), wäre prinzipiell eine kapitalistische *Steady-State Economy* auf Dauer denkbar; die dafür notwendigen Verteilungs- und Kräfteverhältnisse würden jedoch grundlegend die Funktionsweise des Kapitalismus verändern und über ihn hinausweisen.

Kapitalistische Akkumulation, Profitstreben und Wettbewerb sind die zentralen Triebfedern des Wachstums und in Kombination üben sie einen Wachstumszwang auf Ökonomie und Gesellschaft aus. Nur unter besonderen Bedingungen – und auch solchen, die ihrer Tendenz nach den Kapitalismus unterwandern – ist im Kapitalismus auf Dauer eine stagnierende oder schrumpfende Ökonomie möglich. Die sozial-ökologische Transformation, wie sie im nächsten Kapitel skizziert wird, beinhaltet daher eine Vielzahl an Politiken und Praxen, die innerhalb der derzeitigen ökonomischen Strukturen ansetzen, die aber alle eine Perspektive über den Kapitalismus hinaus beinhalten.

»Kapitalismus als Fahrrad«: Wachstum und Stabilität

Innerhalb der gegenwärtigen ökonomischen und sozialen Strukturen und Verteilungsverhältnisse ist Wachstum eine Voraussetzung für Stabilität. Wenn es kein Wachstum gibt, bedeutet das: Krise. Warum? In kapitalistischen Ökonomien geht es darum, möglichst hohe Profite zu erwirtschaften, und zwar durch möglichst effiziente Nutzung der Produktionsfaktoren (also Arbeit, Kapital und natürliche Ressourcen). Das wichtigste Mittel, um im ökonomischen Konkurrenzkampf Wettbewerbsvorteile und damit höhere Gewinnmargen als die Konkurrenz zu erreichen, sind kontinuierliche technologische und organisatorische Verbesserungen des Produktionsprozesses. Diese bewirken, dass die Arbeitsproduktivität steigt, d.h. in der gleichen Arbeitszeit mehr produziert werden kann. Gleichzeitig heißt es aber, dass weniger Arbeitskräfte gebraucht werden, um die gleiche Menge an Gütern zu produzieren, d.h. Arbeitskräfte werden freigesetzt.

Dies wird dann zu einem Problem, wenn die Wirtschaft nicht schnell genug wächst, um die erhöhte Arbeitsproduktivität und die damit einhergehenden Arbeitsplatzverluste auszugleichen. Dies führt zu einer der Wachstumsspirale entgegengesetzten Rezessionsspirale, in der sich gegenseitig verstärkende Rückkopplungseffekte die Schrumpfung der Ökonomie vorantreiben (s. Abbildung auf S. 51). Dies bleibt natürlich keine ökonomische Krise, sondern weitet sich zu einer sozialen Krise aus: Während die Kosten des Sozialstaates ansteigen, gehen die Staatseinnahmen zurück (Steuereinnahmen sinken bei abnehmenden Einkommen und weniger verkauften Produkten). Der Staat kann die Staatsverschuldung anheben, um die Ausgaben zu decken, doch in einer schrumpfenden Ökonomie verschärft sich natürlich langfristig die Schwierigkeit der Tilgung der Schulden. Oder es kommt zu Kürzungen der Staatsausgaben und Sozialabbau.

Abbildung 3: Rezessionsspirale

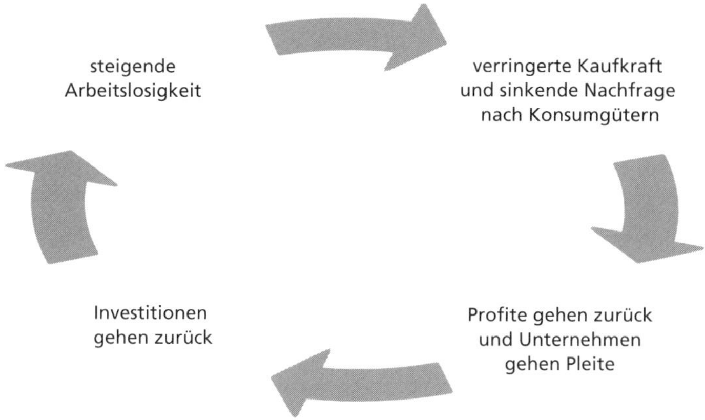

Kapitalistische Ökonomien tendieren daher durch die ihnen innewohnenden wachstumsabhängigen ökonomischen Strukturen entweder zu Expansion oder zu Rezession (vgl. auch Binswanger 2009). Die Wachstumsökonomie ist wie ein Fahrrad, das auch nur stabil bleibt, wenn es sich schnell genug nach vorne bewegt. Innerhalb dieser Strukturen gilt: Schrumpfung = Krise. Gleichzeitig gilt aber angesichts der ökologischen Krise und globaler Klimagerechtigkeit – dies wurde bereits ausführlich diskutiert – ebenfalls: Wachstum = Krise. Der Ausweg aus diesem Dilemma – so die hier vertretene These – ist eine Postwachstumsökonomie, ein grundlegender Umbau der Produktions- und Lebensweise, der die Wachstumsabhängigkeit überwindet.

Tauschwertorientierte Produktion und Streben nach Mehr

Ein weiterer treibender Faktor und eine Voraussetzung für das kontinuierliche Wachstum liegt darin, dass die Produktion in kapitalistischen Gesellschaften nicht direkt auf die Befriedigung menschlicher Bedürfnisse abzielt, sondern auf die Vermehrung abstrakter Tauschwerte, die die Basis kapitalistischer Profite darstellen. Während konkrete menschliche Bedürfnisse relativ beschränkt sind und nicht exponentiell immer weiter zunehmen, kennt das Wachstum abstrakter Tauschwerte und der entsprechenden Gewinne an sich keine Grenzen. Wer satt ist, ist satt, wenigstens für ein paar Stunden. Eine Rendite von 5% ist gut, doch eine von 25% ist besser; Millionär sein ist gut, doch 50 Milliarden besitzen viel besser. Das Wachstum abstrakter Werte hat kein Ende und strebt ins Unendliche. Die Maßlosigkeit von Bankmanagern, über die seit der Wirtschaftskrise 2008/2009 in den Leitmedien so viel geredet wurde, ist keine individuelle Charaktereigenschaft, sondern notwendiges Qualitätsmerkmal des Kapitals, das sich ja gerade dadurch auszeichnet, dass es abgetrennt von Qualität, Gebrauchswerten, sozialen und natürlichen Lebensprozessen steht und sich nur noch als Quantität auf sich selbst bezieht. Produktion mit dem gesellschaftlich dominierenden Ziel, einen Geldüberschuss zu erwirtschaften, wird so von der Bedürfnisbefriedigung losgelöst, Produktion wird zum Selbstzweck. Bedürfnisse spielen in der tauschwertorientierten Produktion vor allem insofern eine Rolle, als genügend und auch genau die der Produktion entsprechenden Bedürfnisse vorhanden sind oder geschaffen werden müssen.

Zum einen heißt das: Bedürfnis*weckung* wird zum Ziel, Werbung und Konsumismus zum Mittel. Produkte halten kürzer, lassen sich nicht reparieren, werden nach jeder neuen Mode oder kleinen Innovation ausgetauscht, oder sind von vornherein als reine Statussymbole und Marker in sozialen Hierarchien konzipiert.

Gleichzeitig führt dies dazu, dass auf der individuellen sozialen Ebene das Streben nach Mehr zum dominierenden Motiv wird, sich konkurrenzbestimmte Beziehungsformen durchsetzen und die Verwertung des eigenen Lebens und eine alles dominierende Leistungsorientierung zu Leitbildern werden.

Dabei ist es jedoch verkürzt, Wachstum individuellem Glücksstreben oder dem persönlichen Drang nach Mehr zuzuschreiben, da schon lange ein bestimmtes Konsumniveau zur Mindestvoraussetzung von gesellschaftlicher Teilhabe geworden ist. Früher nicht vorhandene Bedürfnisse werden zu schwer zu umgehenden Notwendigkeiten – durch soziale Standards (fast jede/r hat ein Auto), gesellschaftliche Strukturen (Zersiedelung, Mobilitätsansprüche der Arbeitgeber, die vorhandene Produktpalette im nächsten Laden) und soziale Erwartungen (Wettbewerb um soziale Stellung, Erfolgsstreben, neoliberale Selbsttechnologien). Die konkret vorhandenen Bedürfnisse müssen der Ausgangspunkt gesellschaftlicher Emanzipation sein. Aber Bedürfnisse sind immer relational und durch die gesellschaftliche Lebensweise bedingt (vgl. Kapitel 3; Gorz 2009; Biesecker 2011).

»Reproduktion gratis« Externalisierung, Fossilismus und Patriarchat

Das kapitalistische Wirtschaftssystem teilt – genau wie die neoklassische Wirtschaftstheorie – die Welt in zwei Sphären: Einerseits gibt es den Bereich der *Produktion,* hier herrscht der Markt mit seinen Gesetzen von Preisen, Wettbewerb, Knappheit, und hier arbeiten traditionell Männer in Erwerbsarbeitsverhältnissen. Andererseits gibt es den Bereich der *Reproduktion,* der Erneuerung und Wiederherstellung, der nicht Teil der Ökonomie ist, und in dem daher, außerhalb des Marktes, weitgehend ohne Entlohnung und vor allem von Frauen und der Natur gearbeitet wird. Die Unterscheidung liegt nicht in der Natur der Sachen selbst, sondern es geht um die Frage, ob die Aktivität auf dem Markt geschieht oder nicht. Daran unterscheidet sich die Produktion von Weizen im modernen Landwirtschaftsbetrieb (Produktion) von der in einer Subsistenzökonomie (Reproduktion), das Herstellen eines Pullovers im Unternehmen für den Markt vom Stricken zu Hause, die Wiederaufforstung durch Erwerbsarbeit von der automatischen Reproduktion durch die Natur allein.

Der Markt hat sich von den ökologischen und sozialen Grundlagen, ohne die Ökonomie nicht funktionieren kann, gelöst. Die Kosten für die Wiederherstellung der Natur sowie der Arbeitskräfte werden »externalisiert«, und dem reproduktiven Bereich auferlegt: Eine der Triebfedern des Wachstums ist daher der Fakt, dass die Ökonomie mit falschen Preisen rechnet, in denen die ökologischen und sozialen Kosten nicht auftauchen. So können Natur und Reproduktionsarbeit permanent verwertet werden, ohne sie zu bezahlen, und auf diese Weise zum Wachstum beitragen. Wenn der Preis für einen Liter Benzin die realen Kosten mit einbeziehen würde, welche die Reproduktion der Natur kostet – also das Anpflanzen von Bäumen zur Absorption des Kohlenstoffs etc. – würde die Ökonomie nicht auf so einem riesigen Heer von Energiesklaven basieren können. Und auch das Zahlen von Löhnen, die wirklich zur Reproduktion eines guten Lebens ausreichen, und zwar für alle (auch für die Hausarbeit), würde die Produktionskosten drastisch erhöhen. Wachstum wird also auch angetrieben durch die Abwälzung von Kosten. Dies führt systematisch zur Zerstörung der ökologischen und sozialen Lebensgrundlagen.

Kredit, fiktives Kapital und Wachstum

Ein weiterer zentraler Wachstumsmotor des gegenwärtigen Wirtschafts- und Finanzsystems sind die angehäuften Ansprüche auf in der Zukunft zu erwirtschaftenden Reichtum. Es handelt sich um Forderungen in Form von Schulden, aufgeblasenen Börsenwerten oder aufgehäuften Finanzprodukten, deren Geldwert nur durch zukünftige Profite und diese tragendes Wachstum in reale Werte (Güter und Dienstleistungen) verwandelt werden kann. Seit der Durchsetzung des Neoliberalismus in den 1970er Jahren hat sich durch Finanzialisierung ein globales Schulden- und Finanzblasenregime entwickelt, das ein Vielfaches des Weltsozialprodukts umfasst. – Die finanziellen Ansprüche wollen erfüllt werden und üben so einen massiven Wachstumsdruck aus.

Diese Ansprüche entstehen teilweise allein durch das auf Schulden basierende Geldsystem. Die Geldmenge hat einen wichtigen Einfluss auf Wachstum – ist zu wenig Geld im Umlauf, droht eine Deflation (dies war einer der Gründe für das Ausmaß der Krise 1929); ist sehr viel Geld im Umlauf, gibt es unter Umständen eine Inflationsdynamik. Eine Aufgabe von Zentralbanken in Wachstumsökonomien ist es daher, über den Leitzins die Geldmenge in einer Weise zu regulieren, die kontinuierliches schnelles Wachstum ohne zu hohe Inflation ermöglicht. Dabei war – das hat Binswanger (2009) anschaulich dargestellt – die Erfindung der Geldschöpfung und damit die Loslösung der Geldmenge von der Realökonomie eine Voraussetzung für schnelles

Abbildung 4: Wachstum der globalen Kreditmenge

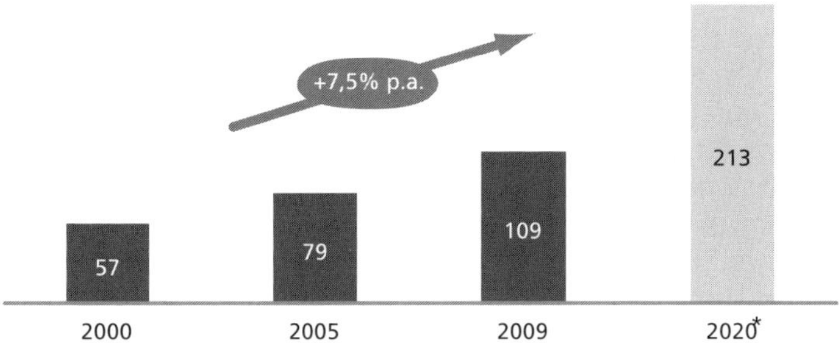

* Prognose

Globale Kreditmenge in Billionen US-Dollar

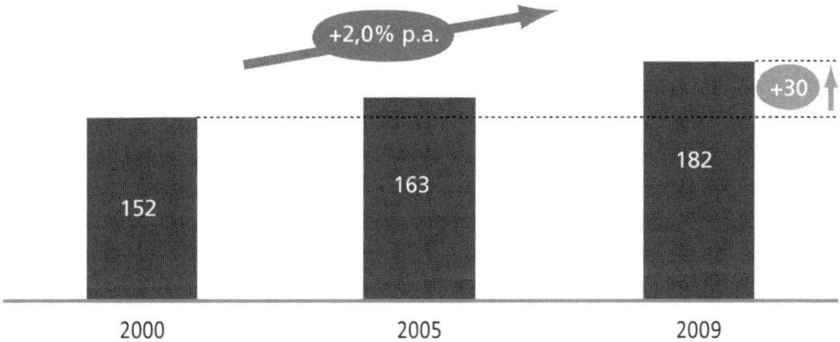

Quelle: WEF & McKinsey 2010

Wachstum. Denn dadurch waren Unternehmen und Staaten zur Finanzierung der Neuinvestitionen nicht mehr auf die Spareinlagen angewiesen, die von Banken eingesammelt und als Kredite weitergereicht werden. Nicht mehr allein Sparen und damit Konsumverzicht war die Voraussetzung für Investitionen, sondern über das als Kredit in Umlauf gebrachte Geld (Geldschöpfung) konnte neue Nachfrage geschaffen und das gesamte vorhandene Produktionspotenzial ausgenutzt werden.

Die Deregulierungs- und Liberalisierungswelle seit den 1970er Jahren, verbunden mit der neoliberalen Umverteilungspolitik von unten nach oben, hat darüber hinaus die globalen Finanzmärkte aufgebläht. Durch neue Produkte (Derivate, Asset Backed Securities), neue Verfahren (Verbriefungen, Leveraging) und neue Akteure (Hedge Fonds, Private Equity Fonds) hat sich eine riesige Kreditblase aufgetürmt (vgl. Wahl 2009). Allein von 2000 bis 2009 hat sich die globale Kreditmenge von 57 Billionen auf 109 Billionen US-Dollar verdoppelt, mit einer durchschnittlichen Wachstumsrate von 7,5% pro Jahr. Die globale Kreditmenge wuchs demnach wesentlich schneller als die im BIP gemessenen Güter und Dienstleistungen. Während 2000 die globale Kreditmenge 152% des Welt-BIP entsprach, wuchs dies mit durchschnittlich 2% pro Jahr auf 182% 2009. Auf dem Weltwirtschaftsforum (WEF) 2011 in Davos wurde gemeinsam mit der Unternehmensberatung McKinsey ein Bericht vorgestellt, der diese Zusammenhänge zwischen Wachstum und Kredit sehr deutlich benennt. WEF und McKinsey fordern darin die Regierungen der Welt dazu auf, die globale Kreditmenge innerhalb der nächsten zehn Jahre zu verdoppeln (eine Steigerung um 103 Billionen US-Dollar bis 2020). Nur so könne das projizierte Wachstum in der Zukunft sichergestellt werden (WEF & McKinsey 2010).

Wachstum braucht expandierende Kredite. Und expandierende Kredite brauchen Wachstum. Solange die Kredite schnell genug expandieren, um Wirtschaftswachstum zu ermöglichen, und solange die Weltwirtschaft schnell genug wächst, um diese Kredite in der ins Unendliche gedachten Zukunft zurückzuzahlen, scheint alles in Ordnung. Doch angesichts der ökologisch-sozialen Grenzen des Wachstums stellt sich hier ein ernsthaftes Problem. Die Ökonomie ist durch die stetig wachsende Kreditmenge auf ewiges Wachstum festgelegt, doch dies ist weder möglich noch wünschenswert. Kredit- und Staatsschuldenkrisen sind sehr wahrscheinlich – mit kaum absehbaren Folgen.

Staatenkonkurrenz

Eine weitere Triebkraft für Wachstum liegt in der Rolle und Funktion von Staat und Demokratie. In einem kapitalistischen Weltsystem stehen Staaten im internationalen Wettbewerb um attraktive Investitionsbedingungen, und Wachstum ist dabei Schlüsselelement. Es ermöglicht Steuereinnahmen und dadurch die Finanzierung von Infrastruktur, staatlicher Forschung, Krieg und Militär. Darüber hinaus führen liberalisierter Handel und Kapitalverkehr dazu, Staaten in einen erbarmungslosen Standortwettbewerb um die besten Verwertungsbedingungen für Investitionen und Kapital zu stellen – und diese sind am besten, wo die Wirtschaft am schnellsten wächst und die Erwartungen auf zukünftiges hohes Wachstum deuten.

Auch wachstumsorientierte Wirtschaftspolitik ist eine wichtige Triebfeder ökonomischer Expansion, wobei die Mechanismen der Wachstumspolitik sich stark unterscheiden, je nachdem ob es sich um keynesianische oder neoliberale Wachstumsregime handelt. Im Gegensatz dazu ist die Aufgabe einer solidarischen Postwachstumspolitik – auch mit makroökonomischen Instrumenten – nicht Wachstum, sondern Wohlfahrt innerhalb der ökologischen Grenzen zu befördern und daher die Ökonomie zu schrumpfen. Was dies für Angebots- und Nachfragesteuerung, Löhne, Geldmenge, Kapitalverkehr, Leitzinsen etc. bedeutet, ist das Thema einer noch zu entwickelnden Makroökonomie für eine Wirtschaft jenseits des Wachstums – Ansätze dazu werden in den nächsten beiden Kapiteln andiskutiert (vgl. auch Victor 2008; Jackson 2009; Binswanger 2009).

6. Wachstumskritische Debatten

Seit dem neuen Zyklus der UN-Klimaverhandlungen und dem Wachstumseinbruch ab 2008 wird eine neue Auseinandersetzung über Wirtschaftswachstum, seine Grenzen und Alternativen geführt. Wachstumskritik hat wieder Konjunktur. Diese beschränkt sich nicht nur auf entstehende wachstums- und zugleich kapitalismuskritische soziale Bewegungen, wie sie in ersten Ansätzen bei den Protesten beim Klimagipfel in Kopenhagen 2009 und bei den Degrowth-Konferenzen (2008, 2010) sichtbar wurden. Gleichzeitig beginnt sich, eine öko-liberal/sozialdemokratische Kritik an der Wachstumsabhängigkeit der Industriegesellschaften zu entfalten, die sich in Umweltverbänden, Parteien und sogar in konservativen Kreisen wiederfindet. Zweifel sind daher mehr als angebracht, dass jede wachstumskritische Position emanzipatorischen Charakter hat: Wachstumskritik als neues Herrschaftsprojekt?

Was ist Wachstumskritik?

Doch einen Schritt zurück: Was ist überhaupt Wachstumskritik? Und welche unterschiedlichen Richtungen gibt es und welche politischen Konfliktlinien durchziehen sie? Die zentralen Wachstumskontroversen drehen sich um Fragen des Zusammenhangs, der Kopplung oder Entkopplung von Wachstum einerseits und Lebensqualität bzw. Naturzerstörung oder Ressourcenverbrauch andererseits. Nicht Wachstum per se wird diskutiert, sondern die Frage: *Was wächst?* Und: *Was sind die Wechselwirkungen* mit Zielen wie einem guten Leben für alle und ökologisch-sozialer Gerechtigkeit? Wichtig sind vor allem folgende Fragenkomplexe: Wenn die Wirtschaft wächst, steigert das die Lebensqualität, ist es von dieser unabhängig, oder mindert es diese? Und: Wenn die Wirtschaft wächst, steigert das den Stoffdurchsatz und die Naturzerstörung, sind beide unabhängig oder ermöglichen Wirtschaftswachstum oder ein grüner Wachstumsschub überhaupt erst effektiven Umweltschutz?

Analytisch betrachtet gibt es zwei unterschiedliche Perspektiven der Wachstumskritik, die oft gemeinsam auftreten und sich nicht gegenseitig ausschließen (vgl. Schachtschneider 2010; Steurer 2002; Luks 2001).

Soziale Wachstumskritik argumentiert, dass Wirtschaftswachstum *nicht* die Lebensqualität, die Wohlfahrt und das menschliche Glück steigert, sondern dass die sozialen und ökologischen Kosten von Wachstum ab einem bestimmten individuellen oder gesellschaftlichen Einkommensniveau höher sind als die Vorteile. Sie stellt also die meist unhinterfragte Annahme infrage, Wachstum steigere menschliche Wohlfahrt. Sie postuliert stattdessen eine mehr oder weniger weitgehende Entkopplung von Wachstum und Lebensqualität: Während ein Teil der AutorInnen argumentiert, es gebe keinen kausalen Zusammenhang zwischen Wachstum und Wohlfahrt (viele halten Wachstum daher für irrelevant), gehen andere noch weiter und sagen, Wachstum sei verantwortlich für eine sinkende Lebensqualität. Wenn ein gutes Leben das Ziel ist, ist Wachstum nicht nur nicht das richtige Mittel, dieses Ziel zu erreichen, sondern ein Hindernis auf dem Weg dorthin.

Ökologische Wachstumskritik argumentiert, dass Wirtschaftswachstum notwendigerweise die natürlichen Ressourcen ausbeutet, den Planeten und die Lebensgrundlagen der Menschen und zukünftiger Generationen zerstört. Unendliches Wachstum sei auf einem endlichen Planeten unmöglich – so ein oft wiederholtes und vielen unmittelbar einleuchtendes Argument. Die ökologischen Grenzen sind dabei erstens die verfügbaren endlichen Ressourcen, die die Grundlage der Wirtschaft darstellen und zunehmend knapper werden; und zweitens die Kapazität der Natur zur Aufnahme der Abfallprodukte der Wirtschaft (die Natur ist hier eine so genannte Senke). Im Gegensatz zu Theorien grünen Wachstums und ökologischer Modernisierung nimmt ökologische Wachstumskritik die Unmöglichkeit der Entkopplung von Wachstum und Naturbelastung zum Ausgangspunkt ihrer Kritik.

Beides wird integriert in Strömungen einer *grundsätzlichen Kapitalismuskritik,* welche die Ursachen für die Ausbeutung von Menschen, für die Produktion globaler Ungleichheit und für die Zerstörung der ökologischen Grundlagen menschlichen Lebens in kapitalistischem Wachstum verortet. Wachstum wird als notwendige Konsequenz aber auch als Bedingung kapitalistischer

Akkumulation analysiert, die Selbstverwertung des Kapitals als dynamische Triebfeder der sozialen und ökologischen Folgen ungebremsten Wachstums kritisiert. Die Grenzen des Wachstums sind demnach die »Grenzen des Kapitalismus« (vgl. Altvater 2010; Exner et al. 2008; www.oekosozialismus.net). Karl Marx erklärt kurz und prägnant: »Die kapitalistische Produktion entwickelt daher nur die Technik und Kombination des gesellschaftlichen Produktionsprozesses, indem sie zugleich die Springquellen allen Reichtums untergräbt: die Erde und den Arbeiter.« (MEW 23, 529f.) Dies muss jedoch erweitert werden: Die ökologische und globale Klimagerechtigkeitsdimension gehört ins Zentrum jeder Kapitalismuskritik; ebenso die Analyse patriarchaler Gesellschaftsstrukturen, denn vornehmlich weibliche Reproduktionsarbeit ist vielmehr noch als klassische Produktion in Erwerbsarbeitsverhältnissen die wichtige Springquelle menschlichen Lebens, die durch kapitalistische Akkumulation untergraben wird.

Konjunkturen der Wachstumskritik

Wachstumskritik gibt es schon, seitdem Wachstum in den 1930er bis 1950er Jahren zum vorherrschenden Ziel von Wirtschaftspolitik wurde. In den Wirtschaftswissenschaften gab es lange Zeit eine Vielzahl an Theorien, die nach einer begrenzten Wachstumsperiode eine Phase der Stagnation vorhersagten und eine Vielzahl an Ökonomen hatte eine kritische Haltung Wachstum gegenüber. Auch der oft mit Wachstumspolitik assoziierte Ökonom John Maynard Keynes skizzierte in seinem Essay über »Wirtschaftliche Möglichkeiten für unsere Enkelkinder« während der großen Weltwirtschaftskrise der 1930er Jahre eine Gesellschaft, die sich von Arbeitszwang und Profitstreben befreien würde und in Wohlstand jenseits des Wachstumszwangs leben würde.

In den 1950er und 1960er Jahren waren vor allem konservative Theorien sozialer Wachstumskritik bedeutend. Deren Wurzeln reichen bis zur Naturverehrung der Romantik als Reaktion auf die Industrielle Revolution. Diese antimoderne bürgerlich-konservative Wachstumskritik zweifelte am gesellschaftlichen Fortschritt: Wachstum führe dazu, so z.B. der britische Ökonom Ezra J. Mishan in seinem Buch *The Costs of Economic Growth* (1967), dass die konservative Welt der patriarchalen Familie, der nationalen Volksgemeinschaft und der bürgerlichen Privilegien zerstört würden. Entwertung der Familie, zunehmende Migration, Zivilisationskrankheiten, Verschandlung der unberührten Natur und ein zunehmend besseres Bildungsniveau der Gesellschaft seien die negativen Begleiterscheinungen von Wirtschaftswachstum. Dies wird abgelehnt, da es dem »Glück« (einer privilegierten Oberschicht) schadet.

Besonders einflussreich war John K. Galbraiths Kritik an der Überflussgesellschaft, die er in seinem Bestseller *The Affluent Society* (1958) formulierte. In der kapitalistisch organisierten privaten Wirtschaft gehe es schon lange nicht mehr um die Befriedigung von Bedürfnissen, sondern das Ziel sei die *Schaffung* neuer Bedürfnisse, durch deren Befriedigung sich Profite erwirtschaften lassen. Nicht Bedürfnisdeckung, sondern Bedürfnisweckung sei das unsinnige Ziel der Ökonomie. Auch der aufkommende Postmaterialismus hat Wachstum mit Bezug auf die sozialen Grenzen des Wachstums kritisiert. E.F. Schumachers *Small is Beautiful* beispielsweise argumentiert in der Kritik ähnlich wie die konservative Wachstumskritik, entwirft dann aber einen nach-modernen Lebensstil, der den kleinen Maßstab zum Prinzip der Zukunft stilisiert, und einen Antimaterialismus predigt, der Wissenschaft und Technik in den Dienst des »Organischen, Sanften, Gewaltlosen, Anmutigen und Schönen« stellt.

Doch erst die Diskussionen über ökologische Grenzen, die die Möglichkeit unendlichen Wachstums konkret infrage stellten, brachten Anfang der 1970er Jahre den Durchbruch zu einer breiteren gesellschaftlichen Diskussion über Wirtschaftswachstum. Besonders relevant waren hier vor allem zwei wissenschaftliche Veröffentlichungen: *A Blueprint for Survival*, eine Sondernummer des Ecologist, und *Die Grenzen des Wachstums,* ein sehr einflussreicher Bericht an den Club of Rome. In wachstumskritischen Diskussionen heute wird immer wieder unkritisch auf diesen Bericht Bezug genommen. Doch die wenigen Ansätze für notwendige Veränderungen in diesem Buch sind alles andere als emanzipatorisch: Der Bericht bezeugt ein ausgesprochen hierarchisches Gesellschaftsbild, einen für die Zeit typischen Steuerungsoptimismus, er setzt als Ratgeber für die globalen Eliten auf ihr wohlmeinendes Handeln, und argumentiert für technologische Lösungen, die von oben durchgesetzt werden sollen (top-down).

Parallel und teilweise in Abgrenzung dazu entstanden neue soziale und ökologische Bewegungen, die durch kritische Infragestellung der Grundlagen kapitalistischer Gesellschaften, Kritik an Expertentum, Hierarchien, Technokratie und Großtechnologien geprägt war und die auf radikalen gesellschaftlichen Wandel setzten. In dieser gesellschaftlichen Strömung entwickelte sich in den 1970er Jahren die ökologische Ökonomie (Nicholas Georgescu-Roegen, Herman Daly), die für die in diesem Buch behandelten Fragen wichtige theoretische Grundlagen legte. Einflussreich war außerdem eine marxistische Kritik am kapitalistischen Wachstum, die die Konsumgesellschaft und globale Ausbeutungsverhältnisse in den Blick nahm und polit-ökonomische Grundlagen der Diskussion voranbrachte (Herbert Marcuse, André Gorz, Ivan Illich). Im Anschluss an diese Argumente und im Kontext der globalen Revolte ab 1968 entstand eine durchaus hedonistische, aber konsumkritische Bewegung, deren Ausläufer bis zur globalisierungskritischen Bewegung reichen (No Logo, Adbusting, Food-Coops, Kritik an der Wegwerfgesellschaft etc.). In der feministischen Ökonomie entstand eine fundamentale Kritik am alleinigen Fokus (auch vieler linker Ökonomen) auf die männlich dominierte Sphäre des Marktes, aus der eine kritische Weiterentwicklung des BIP hervorging (Julie Nelson, Deidre McCloskey). Vor allem AutorInnen aus dem globalen Süden stellten überdies die Fetischisierung von Entwicklung und Fortschritt im Rahmen der »Entwicklungspolitik« und die damit zusammenhängende desaströse Politik des Nordens gegenüber dem Süden infrage (Maria Mies, Arturo Escobar, Ivan Illich).

Die Kritik am Wachstum war in den späten 1960er und frühen 1970er Jahren sehr weitverbreitet – sie reichte von den Hippies in San Francisco über die revoltierenden Studenten in Paris bis zu Teilen des Establishments. Sicco Mansholt zum Beispiel, damals Präsident der Europäischen Kommission, erklärte 1974: »Für uns in der industrialisierten Welt ist ein Schrumpfen des materiellen Lebensniveaus eine Notwendigkeit geworden. Das heißt nicht

Nullwachstum, sondern negatives Wachstum. Wachstum ist nur ein unmittelbares politisches Ziel, das den Interessen der dominierenden Minderheiten dient.«

Wachstumskritik und Postwachstum – ein umstrittenes Feld

Seit dieser ersten intensiven Diskussionsphase zu Wachstum, bei der es vor allem um *Kritik am Wachstum ging*, gab es diverse Konjunkturen wachstumskritischer Diskussionen, die bis in die Gegenwart reichen. Seit einigen Jahren jedoch, verstärkt durch den Ausbruch der Weltwirtschaftskrise ab 2007, gibt es eine neue Diskussionswelle um Wachstum, bei der gesellschaftliche Naturverhältnisse – die Relation von Produktions- und Lebensweise zur natürlichen Umwelt « neu vermessen werden. Zentral sind hierbei – jenseits der in Kapitel 4 beschriebenen öko-keynesianischen Konzepte – vor allem vier Richtungen.

Regierungsnahe Wachstumskritik: Eine regierungsnahe und auf die Weiterentwicklung des BIP fokussierte Wachstumskritik wird in vielen europäischen Ländern von prominenten beratenden Regierungsgremien diskutiert: In Frankreich kritisierte eine von Präsident Nicolas Sarkozy eingesetzte Kommission (Joseph Stiglitz, Amartya Sen, Jean-Paul Fitoussi) eingehend das Bruttoinlandsprodukt als Maßstab unseres Lebens. In Großbritannien schrieb die dem deutschen Nachhaltigkeitsrat entsprechende Sustainable Development Commission einen Bericht mit dem Titel »Prosperity without Growth?« (Wohlstand ohne Wachstum?). In Österreich veranstaltete das so genannte Lebensministerium 2010 eine Konferenz zu »Wachstum im Wandel«. In der Bundesrepublik nahm 2011 eine Enquete-Komission mit dem Titel »Wachstum, Wohlstand, Lebensqualität – Wege zu nachhaltigem Wirtschaften und gesellschaftlichem Fortschritt in der Sozialen Marktwirtschaft« ihre Arbeit auf (die 17 Experten sind ausschließlich Männer); und bereits seit 2007 arbeiten OECD, EU-Kommission und EU-Parlament, WWF und der Club of Rome gemeinsam in der Initiative »Beyond GDP« an der Weiterentwicklung und Verbesserung des BIP. Hier werden teils sehr interessante Fragen diskutiert. Die generelle Ausrichtung ist jedoch auf vorgeblich bessere, soziale oder nachhaltige Wachstumsmodelle gerichtet sowie auf die Entwicklung alternativer Wohlstandsindikatoren (vgl. hierzu www.stiglitz-sen-fitoussi.fr; www.wachstumimwandel.at; www.beyond-gdp.eu; www.sd-commission.org.uk/pages/redefining-prosperity.html)

Konservative Wachstumskritik: Ein alleiniger Fokus auf einen Schrumpfungsimperativ ist sozial blind und sehr problematisch. Dies zeigen nicht zuletzt neoliberale, rechte oder konservativ-neofeudalistische Spielarten von Wachstumskritik. Wichtige Protagonisten sind CDU-Vordenker Meinhard Miegel, Kurt Biedenkopf sowie der Think Tank *Denkwerk Zukunft*. Sie verweben ökologisch begründete wachstumskritische Argumente mit altbekannten konservativen Positionen wie »Wir haben über unsere Verhältnisse gelebt« oder »Wir müssen den Gürtel enger schnallen«. Wachstumskritik wird auf diesem Wege zum Rechtfertigungsinstrument und Hebel von Sozialabbau. Denn hinter der eingeforderten »kulturellen Erneuerung« und einem wertkonservativen Antimaterialismus verbirgt sich ein rechtes politisches Projekt: Retraditionalisierung der Geschlechterverhältnisse, Verarmung und *Überflüssigmachen* großer Bevölkerungsteile und eine Kultur der Abhängigkeit und Almosen. Im Effekt bedeutet konservative Wachstumskritik die Absicherung und Verschärfung bestehender Dominanzverhältnisse: Sie legitimiert sich über den Mythos, wir alle hätten über unsere Verhältnisse gelebt und müssten daher jetzt – gezwungen durch die Grenzen des Wachstums – sparen. Das neoliberale TINA (there is no alternative) wird grün, die Grenzen des Wachstums zu den Grenzen des gesellschaftlich Denk- und Machbaren. Dem gilt es einen Slogan, der während der französischen Krisenproteste von 2009 zu hören war, entgegenzusetzen: »Leur récession n'est pas notre décroissance!« (Eure Rezession ist nicht unser Postwachstum) (vgl. hierzu Miegel 2010; www.denkwerkzukunft.de).

Liberale Wachstumskritik: Mit einer Kritik an der Wachstumsabhängigkeit gesellschaftlicher Strukturen und Institutionen beschäftigt sich eine den Umweltverbänden nahestehende liberale Variante der Wachstumskritik, die kürzlich eindrücklich im Sammelband *Postwachstumsgesellschaft* von Irmi Seidel und

Ausschnitt aus der »Degrowth Erklärung Barcelona 2010«
»Eine internationale Elite und eine ›globale Mittelklasse‹ verursachen ökologische Verwüstung durch Prestigekonsum und maßlose Aneignung menschlicher und natürlicher Ressourcen. Ihr Konsummodell führt zu weiteren ökologischen und sozialen Schäden, wenn der Rest der Gesellschaft es nachahmt in einem Teufelskreis von Statusstreben durch die Akkumulation materiellen Besitzes. Während unverantwortliche Finanzinstitutionen, multinationale Konzerne und Regierungen zu Recht im Vordergrund öffentlicher Kritik stehen, hat diese Krise tiefere Ursachen.

So genannte Anti-Krisenmaßnahmen, die darauf abzielen, die Ökonomie wieder anzukurbeln, werden Ungleichheiten und ökologische Bedingungen langfristig verschlechtern. Die Illusion eines ›schuldengetriebenen Wachstums‹ (debt-fuelled growth), d.h. der Zwang auf die Ökonomie zu wachsen, um Schulden zu tilgen, wird in sozialem Desaster enden, da die ökonomischen und ökologischen Schulden an künftige Generationen und die Armen weitergegeben werden. Ein Prozess der ökonomischen Schrumpfung der Weltwirtschaft ist unvermeidbar und wird letztlich der Umwelt zugutekommen, aber die Herausforderung ist es, diesen Prozess so zu steuern, dass er sozial gerecht ist, national und auf der globalen Ebene. Dies ist die Herausforderung der Degrowth-Bewegung, die in reichen Ländern in Europa ihren Ursprung hat, wo der Umbruch anfangen muss.« (www.degrowth.eu, Übers. MS).

Angelika Zahrnt vorgelegt wurde. Kennzeichen der Postwachstumsgesellschaft, so die Herausgeberinnen, sind dabei folgende drei Charakteristika: Es findet keine Politik zur Erhöhung des Wirtschaftswachstums statt; wachstumsabhängige Bereiche, Institutionen und Strukturen werden so umgebaut, dass sie nicht mehr wachstumsabhängig sind; und Wachstum von Energie- und Ressourcenverbrauch wird gestoppt und entsprechend den Nachhaltigkeitszielen zurückgeführt. Wachstumskritik ist hier strukturkonservativ gedacht: es geht nicht um eine grundlegende Transformation, die umfassend gesellschaftliche Probleme in den Blick nimmt (außer in Teilen die direkt durch Wachstum hervorgerufenen Probleme), sondern um Wachstumsunabhängigkeit; ob die Wirtschaft dann weiterhin wachsen, stagnieren oder schrumpfen soll bleibt unklar. Kennzeichnend ist darüber hinaus eine Betonung wirtschaftsliberaler Instrumente wie der

Internalisierung bisher externalisierter Kosten über Ökosteuern (vgl. Seidel/Zahrnt 2010; www.postwachstum.de).

Décroissance – solidarisches Postwachstum: Im Windschatten der Kämpfe gegen die neoliberale Globalisierung entstanden im Laufe der letzten Jahre unter dem Motto »Décroissance« Bewegungen in Frankreich, Italien und Spanien, die vor allem auf *Alternativen* zu Wachstum und Kapitalismus abzielen. Décroissance lässt sich mit »Ent-Wachstum« übersetzen – wir ziehen es vor, von solidarischer Postwachstumsökonomie zu sprechen. Décroissance ist ein politischer Kampfbegriff. Dieses Konzept attackiert grundsätzlich die Vorstellung einer wachstumsbasierten profitgetriebenen Ökonomie. Es skizziert eine radikal-demokratische, egalitäre Vision einer zunächst substanziell schrumpfenden und sich später stabilisierenden Wirtschaft (steady state economy). Die Begrenztheit der Natur wird nicht als Problem technischen Umweltschutzes, sondern als Frage sozial-ökologischer Transformation begriffen. Daher steht ein Abschied von der ressourcenintensiven »imperialen Lebensweise« (Ulrich Brand) auf der Tagesordnung. Décroissance positioniert sich in deutlicher Opposition sowohl zum Nirvana der Unendlichkeitsvorstellung neoklassischer Ökonomie-Axiome als auch zu öko-keynesianischen Ansätzen, die auf einen neuen »grünen« Wachstumsboom setzen (s. hierzu den Kasten sowie das monatliche »Journal der Lebensfreude« www.ladecroissance.net; www.decroissance.org; auf deutsch http://wachstumsruecknahme.qsdf.org; www.postwachstum.net; www.social-innovation.org).

7. Solidarische Postwachstumsökonomie

Die Suche nach den Konturen einer Postwachstumsökonomie zielt darauf, über den bisherigen Stand einer Wachstumskritik hinauszugehen. Mit dem Begriff einer Solidarischen Postwachstumsökonomie wollen wir in dieser Auseinandersetzung an globalisierungskritische Forderungen anknüpfen und diese vorantreiben. Eine Solidarische Postwachstumsökonomie bedeutet eine konsequente sozial-ökologische Transformation der Produktions- und Lebensweise und eine demokratisch organisierte Reduktion von Produktion und Konsum. Ziel ist eine Ökonomie, die global soziale Rechte für alle sichert und die ökologischen Grenzen nicht überschreitet. Sie ist dabei kein geschlossenes Alternativmodell, kein fertiger Plan, der sich am Reißbrett vollständig entwerfen lässt. Stattdessen geht es darum, einige Fluchtlinien zu skizzieren – darüber hinaus ist noch viel intellektuelle Arbeit nötig. Entscheidend für die Ausgestaltung einer Solidarischen Postwachstumsökonomie sind – in Wechselwirkung mit diesen Denkbewegungen – konkrete gesellschaftliche Konflikte um die Ausgestaltung neuer Produktions- und Konsumweisen und konkrete alternative Lebenspraktiken. In diesem Sinne geht es nicht darum, eine Wunsch-Ökonomie zu konstruieren, sondern Ansatzpunkte bei den gegenwärtigen, immer wieder umkämpften ökonomischen Strukturen zu finden.

Die Suchbewegung nach einer solidarischen Ökonomie jenseits des Wachstums orientiert sich am für das gute Leben Notwendigen statt an Profit- und Wachstumsraten; Kooperation statt Konkurrenz; das (Re)produktive statt Trennung von (männlicher) Produktion und (weiblicher) Reproduktion; Vorsorge statt Nachsorge; Bedürfnis- statt Tauschwertorientierung; kollektiver Gebrauch statt privatem Konsum; und Dezentralität, Glokalisierung und Deglobalisierung.

Überlegungen zu einer Postwachstumsökonomie sind nicht isoliert und losgelöst von bisheriger Theorie und Praxis, sondern basieren auf einer Vielzahl von Denktraditionen und knüpfen an konkrete soziale Kämpfe der Vergangenheit und Gegenwart an. Wichtige Impulse kommen aus der feministischen Ökonomie, der kritischen Theorie, der ökologischen Ökonomie, den postkolonialen und Postdevelopment-Theorien und Ansätzen zu Deglobalisierung und ökologischer Kapitalismuskritik.

Zuerst umreißen wir kurz notwendige Veränderungen auf der globalen Ebene, dann die daraus resultierende selektive Schrumpfung der Ökonomien im Norden. Daraufhin skizzieren wir sieben Politikbereiche einer Solidarischen Postwachstumsökonomie und schließlich die Konturen einer solidarischen Lebensweise.

Globale Klimagerechtigkeit: Umverteilung von Entwicklungschancen

Was könnten angesichts der umfassenden Krisen des fossilistischen Kapitalismus sinnvolle Ziele der gesellschaftlichen und ökonomischen Entwicklung über die nächsten Jahrzehnte sein? Global gesehen halten wir ein Modell der »Kontraktion und Konvergenz« für sinnvoll, da es zwei zentrale Prinzipien vereint: Wirtschaften innerhalb der ökologischen Grenzen und eine faire Verteilung.

Konkret bedeutet Kontraktion und Konvergenz, dass die Ökonomien der reichen Länder ihren Umweltverbrauch stark reduzieren, z.B. die CO_2-Emissionen bis 2050 um mindestens 95%. Da, wie wir gesehen haben, eine so weitgehende Entkopplung von Wachstum und ökologischem Verbrauch nicht absehbar ist, bedeutet dies, dass die Ökonomien des Nordens auf ein ökologisch und sozial verträgliches Maß schrumpfen und dann in einen dynamischen *steady-state* übergehen, damit heute arme Länder Entwicklungsspielräume bekommen und auch ihren Naturverbrauch anheben können. Ob sie diese für traditionelle auf Wachstum, Weltmärkte und liberalisierte Märkte abzielende Entwicklung nutzen oder andere Entwicklungswege einschlagen, wird im Süden kontrovers diskutiert.

Im globalen Rahmen sind verbindliche und solidarische Abkommen wichtig. Hierzu gibt es eine Vielzahl an Vorschlägen.

Kontraktion & Konvergenz

»Contraction and Convergence« (C&C) ist ein Ansatz, der ursprünglich vom *Global Commons Institute* vorgeschlagen wurde. Inzwischen wird er als Grundlage für globale Klimapolitik breit diskutiert, kann jedoch auch auf Wirtschaftsaktivität generell ausgedehnt werden (vgl. www.gci.org.uk/briefings /ICE.pdf; Jackson 2009). C&C heißt zweierlei:

1. Globale Kontraktion der Wirtschaftsaktivität: Reduktion des globalen Naturverbrauchs (Emissionen, Ressourcenverbrauch, Übernutzung etc.) und der globalen Wirtschaftsaktivität soweit wie notwendig, um die gegebenen ökologischen Grenzen nicht noch weiter zu überschreiten und Klimawandel abzubremsen.
2. Konvergenz zwischen Norden und Süden: Ziel ist sozial-ökologische Gerechtigkeit zwischen Norden und Süden, d.h. eine so weitgehende Reduktion der Emissionen von frühindustrialisierten Ländern wie Deutschland, bis sie den fairen Anteil des globalen Naturverbrauchs ausmachen.

Zentral ist, dass die noch vorhandenen fossilen Ressourcen im Boden bleiben (vgl. Altvater & Brunnengräber 2008). Hier nehmen Schwellenländer eine Schlüsselrolle ein, die derzeit in den globalen Wertschöpfungsketten als Werkbänke für den Massenkonsum der globalen Mittelschicht enorme Wachstumsraten verzeichnen – und damit zunehmend hohen Anteil an der globalen Übernutzung des Planeten haben. Derzeit wird in der EU heftig diskutiert, ob die CO_2-Emissionen bis 2020 um 20 oder um 30% gesenkt werden sollen. Schon dies wird deutliche Auswirkungen auf die heutige Produktions- und Lebensweise haben. Global gesehen jedoch sind dies »Peanuts«: Den derzeitigen Prognosen zufolge wird China im Jahr 2020 die gesamte Menge einer zehnprozentigen Reduktion der EU allein in einer Woche auspusten. Dies entschuldigt in keiner Weise die imperiale Lebensweise in Europa – der Prokopfverbrauch ist immer noch viel höher. Vielmehr müssen die frühindustrialisierten Länder beim Übergang zu schrumpfenden und stagnierenden Ökonomien vorangehen – dies ist angesichts der historischen Klimaschuld die Aufgabe der kommenden Jahre.

Bevor wir konkretere Ansatzpunkte diskutieren noch zwei Bemerkungen zu Bevölkerungspolitik und Migration: Immer wieder spielt Bevölkerungspolitik in wachstumskritischen Diskussionen eine Rolle. Einige fordern eine Stabilisierung oder Reduzierung der globalen Bevölkerung und eine entsprechende aktive Bevölkerungspolitik, andere sehen dies differenzierter. Wir lehnen Bevölkerungspolitik, die neo-malthusianischen Argumente und jede »Rettungsboot-Ethik« grundlegend ab (Garrett Hardin schrieb 1974 den Aufsatz: »Lifeboat Ethics: the Case Against Helping the Poor«). Die Größe der Weltbevölkerung wird erst zu einem Problem aufgrund der sozialen und ökonomischen Strukturen und Verteilungsverhältnisse, in denen wir leben. Anstatt eine Einkindpolitik einzufordern, sollten diese Strukturen verändert werden. Die Durchsetzung vollständiger reproduktiver Selbstbestimmungsrechte, vor allem für Frauen (d.h. Recht und Möglichkeit zu Verhütung, Abtreibung und Familienplanung), sowie realer sozialer Rechte und Entwicklungschancen für alle, vor allem für die Armen, sind zentrale Ziele an sich. Sie werden nach allem was wir wissen langfristig auch zu einer abnehmenden Bevölkerung führen.

Bereits heute zwingen die Folgen der ökologischen Krisen Millionen Menschen, ihre Heimat zu verlassen und jeden Tag sterben Menschen beim Versuch, Grenzen zu überqueren. Das UN University Insitute for Environment and Human Security geht davon aus, dass es derzeit bis zu 50 Millionen MigrantInnen gibt, die vor allem wegen katastrophaler Umweltbedingungen migrieren (environmentally displaced people). Rund 10% der Weltbevölkerung sind durch extreme Risiken infolge des Klimawandels bedroht, und bis 2050 könnten daher bis zu 150 Millionen Menschen zu Flüchtlingen werden (vgl. den Climate Refugees Report (2009) der Environmental Justice Foundation, ähnlich die Prognosen des IPCC). Globale Migrationsströme sind Folge massiver globaler Ungleichheiten und über Jahrhunderte angehäufter ökonomischer und ökologischer Schuld des Nordens gegenüber dem Süden. Langfristig sollte daher die globale Klimagerechtigkeitsbewegung Bewegungsfreiheit für alle und überall hin anstreben. Durch Postwachstumsökonomien im Norden und globale Umverteilung müssen Grundlagen dafür geschaffen werden, dass nicht nur die kapitalistischen Zentren bewohnbar bleiben.

Reduce to the max: Zwei Drittel des BIP reichen

Die Kontraktion der Wertschöpfung ist kein Ziel an sich. Aber angesichts der Schwierigkeiten der Entkopplungsstrategien, der Ungerechtigkeit und Unmöglichkeit (Peak Oil und Peak Everything) unendlichen Wachstums sowie der Erkenntnis, das Wachstum keine Bedingung, sondern ein Hindernis für die Verwirklichung eines guten Lebens für alle darstellt, ist die Schrumpfung der Ökonomie ein notwendiges Mittel.

Für die Rücknahme von Produktion und Konsum in einer Postwachstumsökonomie, für den notwendigen sozial-ökologischen Umbau, ist sektorales selektives Schrumpfen notwendig:

1. Schrumpfen bestimmter Wirtschaftssektoren: Die Idee einer Postwachstumsökonomie sitzt nicht der Illusion auf, es reiche, »grüne« Wirtschaftsbereiche zu fördern, sondern stellt sich der Herausforderung, die fossilistischen und ressourcenintensiven Bereiche der Ökonomie, die nicht sozial-ökologisch umgebaut werden können, zu schrumpfen. Beispiele werden unten diskutiert – hier nur einige Stichworte: Autoindustrie, Atomkraftwerke, Kohlekraftwerke, Rüstungsindustrie, Gentechnik, große industrielle Landwirtschaft, globale Logistik, Flugverkehr. Vor allem in diesem Punkt unterscheidet sich das Konzept des selektiven Schrumpfens grundlegend vom Modell eines Grünen New Deal, der einen Wachstumskurs als zentrale Strategie betont.
2. Wachstum bestimmter Wirtschaftssektoren: Erneuerbare Energien, ökologische Landwirtschaft, solidarische und genossenschaftliche Betriebe, öffentlicher Personennahverkehr, Bildung, Gesundheits- und Altersversorgung etc. sind Bereiche, die am Gemeinwohl ausgerichtet werden und ein stärkeres Gewicht bekommen sollen. Dieses Wachstum muss teilweise durch unterschiedliche politische Maßnahmen beschleunigt werden.
3. Abnahme des BIP als Ergebnis: Wenn dieser sozial-ökologische Umbau, in dem bestimmte Wirtschaftssektoren wachsen, andere aber schrumpfen, tatsächlich die oben definierten Ziele erreichen soll, dann wird das Ergebnis ein deutliches Schrumpfen der gesamten Wirtschaft (des BIPs) sein.

Das bedeutet, dass die fossilistischen Wirtschaftssektoren in der Summe mehr zurückgefahren werden, als die solaren und solidarischen Sektoren wachsen.

Teilweise kann das Schrumpfen fossilistischer Wirtschaftsbereiche durch Konversion erfolgen, das heißt durch den Umbau fossilistischer Betriebe in solche, die auf nachhaltige Weise Dinge produzieren, die die Gesellschaft braucht (zur Konversion des Automobilsektors: Candeias et al. 2011). Doch einige Produktionsanlagen können nicht durch Konversion umgebaut werden und müssen daher stillgelegt werden. Dass dies einen sehr großen Teil – wertmäßig, nicht unbedingt in Bezug auf Arbeitsplätze oder Gebrauchswertproduktion – der globalen Ökonomie ausmacht, zeigt eine Analyse der größten Konzerne der Welt. Der Umsatz der 100 finanzstärksten multinationalen Konzerne aus der Liste der Global 500 – viele mit größeren Umsätzen als ganze Staaten – wird zu rund 50 bis 60% in den Sektoren Ölförderung, Ölverarbeitung, Autoindustrie und Flugzeugbau erwirtschaftet. Sieben der größten zehn Unternehmen sind Ölfirmen. Vom Gesamtumsatz der größten 500 Unternehmen macht der Anteil der direkt von fossilen Brennstoffen abhängigen Sektoren über 30% aus (vgl. http://money.cnn.com/magazines/fortune/global500/2009; Wolf 2007). Andreas Exner et al. (2009) schätzen, dass zwischen einem Drittel und der Hälfte des globalen Umsatzes in Sektoren produziert wird, die nicht nachhaltig umgebaut werden können und daher auslaufen müssen, um eine sozial gerechte Transformation möglich zu machen.

Auch wenn das eigentliche Ziel eine Reduktion der stofflichen Ebene der Ökonomie (Ressourcenumsatz, Emissionen, Naturverbrauch) darstellt, ist es zentral, auch die dafür notwendige Schrumpfung der Wertebene in den Blick zu nehmen. Wie weit muss daher das BIP abgesenkt werden, bevor es stabilisiert werden kann? Vieles kann erst während des Veränderungsprozesses geklärt werden und hängt ab vom Stand der technischen Innovationen, des Anteils der nicht-marktförmigen Ökonomie, globalen Veränderungen etc. Aber ein grobes Bild ist hilfreich: Wir gehen davon aus, dass die notwendigen Veränderungen – von denen wir einige im Folgenden skizzieren – das Bruttoinlandsprodukt der BRD bis Mitte des Jahrhunderts mindestens um ein Drittel absenken würden. (Dabei orientieren wir uns an einer Studie der New Economics Foundation, die die Great Transition für Großbritannien beschreiben, vgl. NEF 2009; Victor 2008). Eine Reduktion um ein Drittel: Das klingt erst einmal viel, bedeutet aber konkret nicht mehr als, dass in einem Prozess sozial-ökologischen Umbaus das BIP – ein für die Lebensqualität, Gleichheit und Gerechtigkeit weitgehend unbedeutender Indikator, der derzeit bei ungefähr 2.500 Milliarden Euro pro Jahr liegt – auf das Niveau Mitte der 1980er Jahre zurückgeführt wird.[1] Diese Zahlen deuten an, dass es nicht darum geht, in die Steinzeit zurückzukehren, wie häufig geunkt wird. Ohne Zweifel bedeutet dies aber eine enorme Veränderung.

Diese Veränderungen sind nicht weniger als eine Infragestellung der wirtschaftlichen Entwicklungsrichtung, die mit der industriellen Revolution in der zweiten Hälfte des 19. Jahrhunderts eingeschlagen wurde. Ziel einer solidarischen Postwachstumsökonomie ist es, Produktion und Konsum auf *maximale* Befriedigung der Bedürfnisse auszurichten – allerdings innerhalb der ökologischen Schranken –, dabei aber nur ein *Minimum* an Arbeit, Ressourcen und daher auch Produktion zu verwenden. In einem gewissen Sinne geht es hierbei um ein Höchstmaß an Effizienz, aber einer Art von Effizienz, die der vorherrschenden kapitalistischen Wirtschaftsordnung diametral entgegengesetzt ist (vgl. Gorz 2009).

Makroökonomie des Schrumpfens

Eine rein öko-keynesianische Wachstumspolitik birgt keine Lösung der ökologischen und sozialen Krisen der Gegenwart. Dennoch sind Konzepte wie radikale Umverteilung, Arbeitszeitverkürzung, Wirtschaftsdemokratie und Kontrolle von Kapital und Investitionen weiterhin zentral, besonders zur Dämpfung von sozialer Ungerechtigkeit und Ausbeutung. Diese gilt es mit

[1] Die Zahlen sind inflationsbereinigt. Für das BIP pro Kopf ergibt sich ähnliches. Vgl. http://www.destatis.de und den WEO des IMF auf http://www.imf.org.

darüber hinausgehenden Konzepten wie (Wieder-)Aneignung der Gemeingüter, Deglobalisierung, neuen Formen der Arbeit, Ernährungssouveränität und Energiedemokratie neu zusammen zu denken, und zwar unter den Vorzeichen einer Wirtschaft, die nicht wächst, sondern bis zu einem Stabilisierungspunkt schrumpft.

Die Herausforderung besteht darin, Sand ins ökonomische Getriebe zu werfen, um dort anzusetzen, wo die Ursachen des Wachstums liegen. Eine solche neuartige Ökonomie setzt eine neue Zusammensetzung von Investitionen, Konsum, Arbeit und Produktivität voraus, und zwar in einer Art und Weise, die nicht zu einer klassischen Rezession mit entsprechender Arbeitslosigkeit und Verarmungsdynamiken führt. Welche makroökonomischen Instrumente kommen infrage, um den notwendigen sozial-ökologischen Umbau zu erreichen?

Im Folgenden skizzieren wir den notwendigen Umbau anhand von sieben Fluchtlinien einer Makroökonomie der solidarischen Kontraktion – einer solidarischen und im beschriebenen Sinne post-keynesianischen Postwachstumsökonomie:

1. Solidarische Ökonomie, Keimzellen, Commons
2. Investitionslenkung
3. Schrumpfung und Regulierung der Finanzmärkte
4. Weniger und anders arbeiten
5. Demokratische Wirtschaftspolitik
6. Umverteilung und Sicherung des Sozialen
7. Lokalisierung und Deglobalisierung

1. Solidarische Ökonomie, Keimzellen, Commons – Halbinseln gegen den Wachstumszwang

Eine Solidarische Postwachstumsökonomie zielt darauf ab, zunehmend gesellschaftliche Bereiche dem Wachstumszwang und damit den kapitalistischen Verwertungszwängen zu entziehen. Es geht darum, den Prozess der Kommodifizierung (des Zur-Ware-Machens), der die Geschichte des Kapitalismus auszeichnet, umzukehren, und vor allem lebensnotwendige Güter wie Wasser, Luft, Meere, Wälder, Boden, Lebensmittelversorgung, Wohnraum und Wissen dem Markt (aber auch der staatlichen

Verwaltung) zu entziehen und kollektiv und solidarisch zu verwalten. Ausdehnung der Gemeingüter (»commoning«) ist das Ziel – auch in der Sphäre der Produktion (vgl. Helfrich 2009).

Weltweit gibt es bereits eine Vielzahl an konkreten Projekten und sozialen Bewegungen, die sagen: »Die Welt ist keine Ware!« und sich Produktionsbereiche wieder aneignen. Hier nur einige Beispiele: Projekte der solidarischen Ökonomie, von Wohnungsbaugenossenschaften über Lebens- und Produktionskommunen bis hin zu urbaner Landwirtschaft; gemeinschaftliche »peer-to-peer«-Produktion; sorgende Netzwerke und Kooperationsformen, z.B. bei der Stadtteilarbeit mit Kindern, zeitgestützte Alterssicherung wie das Zeitgutscheinsystem »fureai kippu« in Japan und Netzwerke zur Erhaltung von Saatgut sowie energieautonome Regionen, die ohne Monokulturen Energie aus den Potenzialen der Region produzieren.

All dies sind Keimzellen für eine neue Produktionsweise, *Halbinseln gegen den Strom*, wie Friederike Habermann (2009) sie genannt hat. Diese allein können jedoch nicht zu einer sozialökologischen Transformation hin zu solidarischem Postwachstum führen. Sie brauchen nicht nur ein geeignetes Umfeld, um gedeihen zu können, das politisch und gesellschaftlich erkämpft werden muss. Sie sind auch in ihrer langfristigen Existenz bedroht durch den Wachstums- und Konkurrenzdruck der kapitalistischen Ökonomie. Uns ist die gesellschaftliche Ebene wichtig. Denn auch wenn – nach vielen erfolgreichen Kämpfen und durch eine Vielzahl inspirierender Projekte – im Jahr 2050 die Hälfte der Bevölkerung in Deutschland in Projekten solidarischer Ökonomie leben und arbeiten sollte, ist global gesehen noch nicht genug erreicht, wenn die kapitalistischen Verwertungsprozesse weiterhin ein den Planeten zerstörendes Wachstum vorantreiben. Daher gilt es, beides zu verbinden: die konkreten Keimzellen einer solidarischen Wirtschaftsweise und eine Strategie, die auf eine übergeordnete wirtschaftliche Transformation abzielt.

2. Investitionslenkung

Einige der größten Herausforderungen beim Umbau der Produktions- und Lebensweise hin zu solidarischem Postwachstum drehen sich um Investitionen. Einerseits ist die Zunahme von Investitionen eine der wichtigsten Triebfedern von Wirtschaftswachstum und damit auch des Materialdurchsatzes und Naturverbrauchs. Aus dieser Perspektive erscheint es zentral, die Summe der gesamten Investitionen massiv zu reduzieren. Auf der anderen Seite erfordert der Umbau zu einer nachhaltigen CO_2-armen und solidarischen Ökonomie Investitionen, besonders in der Umbruchperiode, in der die gegenwärtige ökonomische Basis transformiert wird. Die Herausforderung ist die Generierung ausreichender finanzieller Ressourcen um die gegenwärtige Ökonomie schnell genug umzubauen, bevor die ökologische Basis zukünftiger Prosperität zerstört ist.

Notwendige Investitionen für eine solidarische Postwachstumsökonomie gibt es vor allem in vier Bereichen: 1.) Effizienzsteigerungen und sozial-ökologischer Umbau der Teile der Ökonomie, die notwendig sind, um ein sozial gerechtes Leben für alle zu ermöglichen, z.B. dezentrale erneuerbare Energien, ökologisches Wohnen, kollektive Mobilität, Ernährungssouveränität. 2.) Sorgeökonomie, Bildung, Gesundheit und Soziales; 3.) Projekte zur Anpassung an und Entschärfung von Klimawandel und ökologischer Zerstörungen, zum Beispiel Wiederaufforstungsprogramme, Verarbeitung des angehäuften Industriemülls, Rückbau fossilistischer Infrastruktur; 4.) finanzielle Transfers vom globalen Norden in den globalen Süden, die aus der angehäuften Klimaschuld folgen. Es ist mehr als deutlich, dass diese notwendigen Investitionen weder heute noch in absehbarer Zukunft automatisch über den Marktmechanismus in ausreichendem Maße generiert werden. Eine Stärkung öffentlicher, am guten Leben für alle ausgerichteter Investitionen ist daher dringend angesagt.

Gleichzeitig müssen die Teile der Ökonomie schrumpfen, die nicht durch Konversion in die kohlenstoffarme, energieeffiziente und solidarische Ökonomie der Zukunft umgewandelt werden können. Diese Sektoren machen einen sehr großen Teil der gesamten globalen Wirtschaft aus (siehe oben). Hier liegt eines der Schlüsselprobleme bei der Transformation zur Postwachstumsökonomie: Es gibt nicht genug Zeit, um zu warten, bis alle destruktiven Investitionen abgeschrieben sind. Die Amortisationszeiten liegen teils bei Jahrzehnten. Wenn daher bestimmte Sektoren in relativ kurzer Zeit auslaufen sollen, bedeutet dies den Verlust von Kapital, das bereits in Infrastrukturen investiert wurde, die in einer nachhaltigen Zukunftsökonomie keine Verwendung haben. So kostet der Bau eines Kohlekraftwerks über eine Milliarde US-Dollar und die Zeit, bis alle Investitionen sich gerechnet haben, dauert bis zu 50 Jahren. Wenn es nicht möglich ist zu warten, bis sich die in den mehr als 50.000 Kohlekraftwerken weltweit investierten Billionen amortisiert haben, dann reicht es nicht aufzuhören, neue Kraftwerke zu bauen, sondern darüber hinaus müssen Kohlekraftwerke abgeschaltet werden, bevor sie genug Profite erwirtschaftet haben, um das gesamte investierte Kapital profitabel zu verwerten.

Um diese Investitions- und Desinvestitionsprozesse zu kanalisieren, bedarf es neuartiger institutioneller Gefüge. Notwendig wäre eine Renaissance demokratisch kontrollierter öffentlicher Banken, die lokal, regional oder national operieren, bzw. von Banken oder Sonderfonds, die spezialisiert auf einen bestimmten Sektor den sozial-ökologischen Umbau mitorganisieren. Mit der KfW, Landesbanken und Sparkassen stünden im Prinzip Institutionen zur Verfügung, die nach einer Revision ihrer Aufgaben und Ziele für eine neue Investitionspolitik genutzt werden könnten. Gerade die Landesbanken hatten vor ihrer desaströsen neoliberalen Deregulierung zum Teil erheblich an Projekten von regionalem ökonomischem Strukturwandel mitgewirkt. Das Landesbankensystem steht 2011 vor seiner faktischen Abwicklung. Eine Neubegründung eines Systems föderaler öffentlicher Bankinstitute, die demokratischer Kontrolle unterliegen, statt Beute von Seilschaften zu sein, wäre ein hilfreicher Schritt, um einer sozial und ökologischen Investitionspolitik eine Infrastruktur zu geben.

Eine auf eine postfossile soziale Infrastruktur ausgerichtete Investitionspolitik bedarf des Weiteren einer direkten demokratischen Kontrolle auf regionaler Ebene. Im Kontext der Weltwirtschaftskrise wurde zur Unterstützung von Unternehmen ein so genannter Deutschlandfonds eingerichtet. Zwar hatte dieser das Ziel, die existierenden Unternehmensstrukturen zu konservieren, dennoch hätte ein solches Instrument auch anders genutzt werden können. Der IG Metall-Bezirk Esslingen spitzte diese Idee zu und forderte für die Vergabe der Mittel regionale Investitionsräte ein. Auch hier ging es um die Abfederung der Krisenfolgen und nicht um eine Orientierung auf neue Formen des Wirtschaftens. Dennoch bieten solche Forderungen nach neuen wirtschaftsdemokratischen Verfahren Anknüpfungspunkte. Nach dem Esslinger Modell wären Bundesmittel von regionalen aus Vertretern von Gewerkschaftern, Banken und Unternehmen zusammengesetzten Gremien verwaltet worden, um diese zielgenau vor Ort einsetzen zu können. Erweitert um VertreterInnen weiterer gesellschaftlicher Akteure (Umweltverbände, KonsumentInnennetzwerke) wären derartige regionale Investitionsräte eine plausible Struktur für eine stärker lokalisierte gesellschaftliche Kontrolle der zu investierenden Überschüsse. Nicht zuletzt hätte eine demokratische Investitionskontrolle das Ziel, den Anteil öffentlichen Eigentums in der gesamten Ökonomie zu erhöhen, um den gesellschaftlichen Zugriff für einen Umbau zu erlangen.

Für den Umbau lokaler Infrastruktur für eine Postwachstumsgesellschaft sind zudem steuerfinanzierte kommunale Investitionsprogramme notwendig. Das Verfahren des Bürgerhaushalts, wie es im brasilianischen Porto Alegre, dem Geburtsort des Weltsozialforums der globalisierungskritischen Bewegung, entwickelt wurde, würde eine beispielhafte demokratische Kontrolle ermöglichen. Ein Projekt wie Stuttgart 21 hätte bei einem weitreichenden Bürgerhaushaltsverfahren beispielsweise kaum eine Chance auf Realisierung gehabt. Stattdessen könnten finanzielle Mittel feingliedrig für soziale Infrastruktur eingesetzt werden.

3. Kapital in der Klemme: Schrumpfung und Regulierung der Finanzmärkte, Vergesellschaftung des Bankensystems und demokratische Geldpolitik

Jede Alternative zum gegenwärtig vorherrschenden Wirtschaftssystem – ziele diese nun auf solidarisches Postwachstum oder auf eine alternative Wachstumsökonomie ab – setzt ein grundlegend anderes internationales Währungs- und Finanzsystem voraus. Eine umfassende (Re)Regulierung und Schrumpfung der seit den 1970er Jahren liberalisierten und deregulierten Finanzmärkte ist dringend angesagt. Überdies muss das Problem der Dollardominanz und der hochgradig destabilisierenden globalen Ungleichgewichte angegangen werden, wobei Keynes Ideen für eine internationale Ausgleichsunion (International Clearing Union) hier als Anregungen dienen können. Und schließlich gilt es, die Orthodoxie »unabhängiger« Zentralbanken zu knacken, die entsprechend der monetaristischen und neoliberalen Ideologie der Inflationskontrolle höchste Priorität einräumen vor allen anderen Zielen wie Arbeitsplätzen, finanzieller Stabilität oder sozial-ökologischer Gerechtigkeit.

Aufgabe der Finanzinstitutionen in einer solidarischen Postwachstumsökonomie ist es, die sozial-ökologische Transformation von Ökonomie und Gesellschaft zu unterstützen, und zwar indem die diesem Ziel entgegenstehenden Investitionen und Geldflüsse verhindert werden, und die dieses Ziel fördernden Investitionen und Geldflüsse ermöglicht werden. Konkret bedeutet dies, dass große Teile der aufgeblähten Finanzsphäre, die vor allem spekulativen Zwecken und der Anhäufung von Forderungen an zukünftig zu erwirtschaftende Werte dienen, durch strikte Regulierungen zurückgedrängt werden. Einige der zentralen und heute dominierenden Finanzprodukte, Geschäftspraktiken und Finanzmarktakteure dienen nur der Bereicherung Weniger, sind gesellschaftlich nutzlos, bergen ausgesprochen hohe Risiken und sollten daher nicht erlaubt sein: Die meisten Derivate und Verbriefungen, die gesamten außerbilanziellen Geschäfte und der so genannte außerbörsliche Handel (over the counter trade, OTC), sowie Hedge Fonds, Private Equity Fonds und reines Investmentbanking gehören verboten. Auch Steueroasen und Schattenfinanzplätze sind zu schließen. Der Rest des Finanz- und Bankensektors muss flächendeckend strikt reguliert werden: Hohe und antizyklische Eigenkapitalvorschriften, eine Trennung der verbleibenden Investment- von den Geschäftsbanken, öffentliche und demokratisch kontrollierte Ratingagenturen, eine Finanztransaktionssteuer (FTS) und eine Verkleinerung der Finanzinstitute (too big to fail is too big to exist) sind nur einige der notwendigen und seit Jahren diskutierten Maßnahmen.

Diese regulatorischen Eingriffe haben das Ziel, ein günstiges Umfeld für den notwendigen grundlegenden Umbau der Produktions- und Lebensweise zu schaffen. Ein weiterer Schritt wäre die Geldschöpfung, die zu einem großen Teil in der Hand privater Banken liegt, unter gesellschaftliche Kontrolle zu bringen. Dazu gehörten eine 100-Prozent-Reserveregel für alle Banken sowie eine demokratische Kontrolle der Zentralbanken. Daneben sind eine Stärkung des öffentlichen und non-profit Bankensektors zentral sowie eine Deglobalisierung, Entflechtung und Lokalisierung des Anlage- und Investitionsgeschäftes. Nur so kann (lokale) demokratische Kontrolle des Bankenwesens ermöglicht werden.

4. Weniger und anders arbeiten:
Teilzeit für alle, Arbeit fair teilen, über Erwerbsarbeit hinaus

Im Jahr 1930 entwickelte John Maynard Keynes in einem mittlerweile berühmt gewordenen Aufsatz eine Vision für die Zeit seiner Enkelkinder, die in einer stationären Ökonomie jenseits der Notwendigkeit lebten, lange zu arbeiten, um ihre materiellen Bedürfnisse zu befriedigen. Bei nur 15 Stunden Arbeit die Woche, so Keynes Voraussage, würde das Hauptproblem werden, »wie die Freiheit von wirtschaftlichen Sorgen genutzt« würde. Von heute aus gesehen ist es bis zu diesem Luxusproblem noch ein weiter Weg... Doch die Notwendigkeit, Keynes Traum zu verwirklichen, ist heute dringender denn je.

Die Ziele einer solidarischen Postwachstumsökonomie im Bereich Arbeit sind: Erwerbsarbeit sozial-ökologisch umschichten; Erwerbsarbeit fair auf alle Menschen verteilen; Gesamtarbeitsvolumen reduzieren; Einkommen angleichen; als Resultat Materialdurchsatz und daher auch BIP reduzieren. Postwachstum verabschiedet sich damit von der Illusion der wachstumsbasierten Vollbeschäftigungsgesellschaft. Denn schon lange reichen die realen Wachstumsraten nicht mehr aus, um die durch Produktivitätssteigerung und Ökonomisierung freigesetzten Arbeitskräfte wieder in den Arbeitsmarkt zu integrieren. Die Alternative zu Hartz IV, Verarmung und dem »Überflüssig«-machen großer Teile der Gesellschaft ist die Arbeitszeitverkürzung für alle.

Eine deutlich kürzere Lebenserwerbsarbeitszeit ist eine Vision, die einen Beitrag zur Lösung einer Vielzahl der dringenden und miteinander verschränkten Probleme der Gegenwart leisten kann: Arbeitsüberlastung und Stress für einige, Massenerwerbsarbeitslosigkeit für andere, imperiale Lebensweise, geringes gesellschaftliches Wohlbefinden, tief in die Arbeitswelt eingeschriebene (Geschlechter-)Ungleichheiten, und genereller Zeitmangel, um sozial und ökologisch zu leben.

Die Länge der Erwerbsarbeitszeit jedoch steht in unmittelbarem Zusammenhang zu Fragen des Naturverbrauchs einer Ökonomie. Das Produkt einer Volkswirtschaft – konventionell gemessen im BIP – entspricht ungefähr den geleisteten Arbeitsstunden multipliziert mit der Arbeitsproduktivität. Wenn daher das BIP einer Ökonomie aus ökologischen Gründen reduziert werden soll, die Arbeitsproduktivität aber weiter ansteigt, muss die Arbeitszeit reduziert werden – sonst verschärft sich das Problem der Arbeitslosigkeit massiv.

Was wäre ein sinnvolles Maß für die durchschnittliche Erwerbsarbeitszeit in einer Postwachstumsökonomie? Die New Economics Foundation hat für England errechnet, dass eine Arbeitszeit von 21 Stunden pro Woche ausreichen würde, um in einer schrumpfenden Ökonomie die Bedürfnisse aller zu befriedigen (NEF 2010). Die Frage ist jedoch ausgesprochen schwierig zu beantworten. Denn der beschriebenen Notwendigkeit, um die Produktion herunterzufahren, auch die gesellschaftliche Arbeitszeit zu reduzieren, laufen gegenteilige Tendenzen entgegen: da eine lokale, post-fossilistische und daher in Teilen deindustrialisierte Ökonomie in einigen Sektoren wiederum mehr menschliche

Arbeit notwendig macht. So werden in einer biologischen, dezentralen und auf ökologischen Prinzipien wie Fruchtwechsel, Permakultur etc. basierenden Landwirtschaft mehr Menschen arbeiten, als dies heute der Fall ist. Die Lokalisierung und Wiederaneignung zentraler Produktionsbereiche hätte teilweise ähnliche Folgen. Gleichzeitig könnte eine solidarische Lebensweise auch viele Konsumgüter und deren Produktion unnötig machen.

Eine entsprechend weitgehende Arbeitszeitverkürzung ist Sand im Getriebe der Wachstumsökonomie und schafft neue, strategisch notwendige Spielräume, um eine produktive Schrumpfung politisch attraktiv und durchsetzbar zu machen. Alleine reicht sie jedoch nicht aus – schließlich würde weitere massive »Rationalisierung« die Antwort der Unternehmen sein, und ihr Imperativ, Profite zu erzielen, also zu wachsen, würde nicht ausgehebelt. Darüber hinaus ist es zentral, dass die Arbeitszeitverkürzung nicht mit genereller Lohnsenkung, sondern mit einer gesellschaftlichen Angleichung der Löhne einhergeht. Löhne im unteren Einkommensdrittel könnten steigen, während die Löhne der oberen Einkommensgruppen mit der Verkürzung der Arbeitszeit sinken.

5. Demokratische Wirtschaftspolitik:
Zwischen Steuern, Regulierungen und Verboten

Das vielleicht am häufigsten diskutierte Instrument ist das der sozial-ökologischen Steuerreform. Die Idee ist einfach: In der bestehenden Marktwirtschaft werden die »realen« Kosten vieler Produkte nicht berechnet, sondern »externalisiert« auf Mensch und Natur. So führen billige Spritpreise dazu, die ökologischen Folgen des Transports auf Menschen im Süden und zukünftige Generationen abzuwälzen. Die Biokrise sei vor allem das Resultat falscher Preise, so die Verfechter dieses Ansatzes. Es müsse darum gehen, durch entsprechend hohe Steuern auf ökologisch destruktive Wirtschaftsaktivitäten diese so zu verteuern, dass sie sich entsprechend weniger lohnen. Preise müssen die »ökologische Wahrheit« sagen (vgl. http://www.foes.de).

Eine öko-soziale Steuerreform kann ein Baustein einer Postwachstumsökonomie sein. Aus unserer Sicht kann sie jedoch nicht das zentrale Politikinstrument sein, um die notwendige

Reduktion des Materialdurchsatzes zu bewirken. Denn dafür müssten viele Steuern so weit angehoben werden, dass die angepriesenen Vorteile kaum zum Tragen kämen. Zweitens soll es viele Dinge gar nicht mehr geben: Kohlekraftwerke zerstören Lebensmöglichkeiten im globalen Süden – sie müssen stillgelegt werden und nicht teuren Strom für eine reiche Klasse von KonsumentInnen produzieren, die sich die entsprechenden Steuern leisten können. Drittens wäre eine ökologisch-soziale Steuerreform als alleiniges Instrument für Postwachstum zutiefst ungerecht, da sie gesellschaftliche Probleme individualisiert. Stellen wir uns vor, in den Preis von Autos und Benzin würden die »realen« ökologischen Kosten »internalisiert«. Dann könnten sich nur noch die reichsten 10 oder 20% der Gesellschaft den Luxus individualisierter Mobilität leisten, und der Rest hätte das Nachsehen. Und viertens ist dieser Ansatz zutiefst undemokratisch, da die sozial-ökologische Transformation – die ja auch eine Antwort auf die Frage, wie ein gutes Leben aussehen sollte, darstellt – nach dem Prinzip »Ein-Euro-eine-Stimme« erfolgt.

Marktmechanismen sind daher nur bedingt geeignet, den notwendigen Umbau zu steuern. Daneben ist es notwendig, bestimmte besonders schädliche Produkte vom Markt zu nehmen und andere nicht über den Markt, sondern über andere Mechanismen zuzuteilen. Die Produktion von FCKW wurde nicht hoch besteuert, sondern einfach verboten; ebenso ist in den meisten Ländern Autofahren über 130 Km/h nicht erlaubt; wenn eine Impfung gegen eine gefährliche Krankheit notwendig ist, wird der Impfstoff nicht über den Preis zugeteilt, sondern jede Person erhält die nötige Ration. Verbote, strikte Produkt- und Dienstleistungsstandards und Mengenzuschreibungen klingen nach harten Eingriffen.

Andererseits wird derzeit jedoch über vermeintliche Marktfreiheiten eine imperiale und nicht verallgemeinerbare Lebensweise rechtlich abgesichert, die unnachgiebige Beschneidungen von Überlebensinteressen von Millionen von BürgerInnen im Süden bedeutet.

6. Soziale Rechte: Umverteilung, Reichtum bekämpfen und Transformation der Sozialsysteme

Umverteilung der Einkommen und Vermögen – sowohl global als auch national – und die Sicherung und Transformation der Sozialsysteme sind Kern einer solidarischen Postwachstumsökonomie, auch wenn diese vor allem auf einen Umbau der Produktions- und Lebensweise abzielt. Dies umso mehr, als unter den vorherrschenden gesellschaftlichen Rahmenbedingungen eine Stagnation und Schrumpfung der Ökonomie im Norden die soziale Lage der am schlechtesten Gestellten noch prekärer werden lässt.

Angesichts der ökologischen Wachstumsgrenzen muss dabei jedoch über klassische Umverteilungspolitik hinausgegangen werden. Kern ist ein Bruch mit der Scheinlogik des verteilungspolitischen Positivsummenspiels und der Illusion der Knappheitsökonomie, in der nur umverteilt wird, wenn die Wirtschaft wächst. Denn: Es ist genug für alle da – der bestehende Reichtum muss gerecht verteilt werden, und nicht weiter wachsen. Die Verteilungsfrage und der Zusammenhang zwischen Armut und Reichtum gewinnen damit an Brisanz: Denn was der eine hat, das kann die andere nicht haben, woraus folgt, dass wer Armut bekämpfen will, auch Reichtum bekämpfen muss – umso mehr, wenn die gesamtgesellschaftliche Wertproduktion zurückgeht (Stierle 2010).

In der südeuropäischen Décroissance-Bewegung gehört neben dem häufig genannten Grundeinkommen ganz selbstverständlich auch die Forderung nach einem Maximaleinkommen zum politischen Repertoire (vgl. www.salairemaximum.net). Denn der Naturverbrauch eines Individuums hängt stark von dem verfügbaren Einkommen ab und eine ungleiche Einkommensverteilung ist aus einer egalitären Perspektive radikal undemokratisch. Das Maximaleinkommen wir meist als Verhältnis zum Minimal- oder Grundeinkommen diskutiert. Am weitesten verbreitet ist das Konzept eines gegenüber einem Grundeinkommen bis zu zehnfach höheren Maximaleinkommens. Aber auch auf einer betrieblichen Ebene ist es denkbar, dass die Managerin nur fünf, zehn oder 20-mal mehr verdienen darf als die am schlechtesten bezahlte Person.

Instrumente der Umverteilung
Es gibt eine Vielzahl an Instrumenten, die eine Umverteilung der gesellschaftlichen Einkommen und Vermögen ermöglichen – einige Stichtworte: Das von Attac und Ver.di entwickelte Konzept einer solidarischen Einfachsteuer, d.h. einer gerechten, progressiven Einkommenssteuer, die alle Einkommen – auch Kapitalerträge, Einkommen aus Immobilienbesitz etc. – voll mit einbezieht; Besteuerung umweltschädlicher Aktivitäten statt niedriger Arbeitseinkommen; progressive Steuer auf alle Vermögen, auch auf Kapitalerträge und Grund und Boden; eine hohe Erbschaftssteuer (NEF schlägt 67% vor); Austrocknen von Steueroasen (zu diesen und anderen Vorschlägen vgl. Stierle 2010; Attac-Umverteilungspaket: www.attac.de/umverteilungspaket; NEF 2009; zur Solidarischen Einfachsteuer (SES): http://www.attac-netzwerk.de/index.php?id=2514; zu Steueroasen www.taxjustice.net).

Eine zentrale Bedingung für das Erreichen einer Postwachstumsgesellschaft ist der Ausbau eines umfassenden, solidarischen Sozialversicherungssystems (Arbeitslosen-, Renten-, Kranken- und Pflegeversicherung etc.), das allen Menschen, die in ihr leben, ein Leben in Würde und ohne Armut gewährleistet. Eine Privatisierung der Sicherungssysteme, besonders der Rentenversicherung, gilt es zu verhindern. Einige Ansatzpunkte liefert das von Attac entwickelte Modell der solidarischen Bürgerversicherung, an deren Finanzierung alle Einkommen (auch hohe Einkommen, Unternehmensgewinne und Kapitalerträge) beteiligt werden sollen. Perspektivisch ist jedoch eine weiterreichende Entkopplung der sozialen Sicherheit von der Erwerbsarbeit durch bürgerrechtliche Einkommensformen notwendig. Ein bedingungsloses Grundeinkommen – bedingungslos, d.h. ohne jegliche Repressionsdrohung oder Arbeitszwang, in einer Höhe, die materielle Existenz und soziale Teilhabe sichert, und als individueller Rechtsanspruch – ist eine wichtige Perspektive einer solidarischen Postwachstumsökonomie (vgl. dazu www.grundeinkommen-attac.de; www.basicincome.org).

Es wird immer wieder eingewandt, dass eine Umverteilung des gesellschaftlichen Reichtums, zum Beispiel durch die Einführung eines bedingungslosen Grundeinkommens, einer sozial-ökologischen Postwachstumsgesellschaft widersprechen würde. Eine sozial gerechte Umverteilung hätte zur Folge, dass die monetären Ansprüche der Reichsten, die als Finanzanlagen der »Realökonomie« samt ihres Ressourcenbedarfs und ihres Schadstoffausstoßes entzogen sind, durch Umverteilung in diese zurückgeführt würden. Dies, so die Folgerung, würde einen riesigen Wachstumsschub mit dramatischen ökologischen Folgen verursachen.

Der Ansicht, Umverteilung sei nur ein ökologisch schädliches und daher der *globalen* Gerechtigkeit widersprechendes Konjunkturinstrument, soll hier grundlegend widersprochen werden. Klar ist, dass unter den jetzigen ökonomischen Rahmenbedingungen eine Umverteilung zu höheren Wachstumsraten führen kann (und in der keynesianischen Wirtschaftspolitik auch mit diesem Ziel eingesetzt wird). Diese Rahmenbedingungen einer Wachstumsökonomie gilt es jedoch zu verändern (siehe dazu die anderen Vorschläge in diesem Kapitel, vor allem das Maximaleinkommen).

Der Kern ist: Die Verteilungsverhältnisse dürfen nicht ein Hebel sein, um eine Schrumpfung der Ökonomie herbeizuführen. Dafür gibt es eine Vielzahl an anderen Vorschlägen. Ziel der Umverteilung ist es, unter Bedingungen ökonomischer Schrumpfung eine egalitäre Gesellschaft zu erreichen – mit einem solidarischen Lebensstil, der auch global die ökologischen Grenzen nicht sprengt. Und – vielleicht der entscheidende Punkt in diesem Zusammenhang – wer eine solidarische Postwachstumsökonomie mit einem deutlich geringeren BIP, d.h. geringerer Wertschöpfung, demokratisch erreichen will, muss Antworten auf die extremen Verteilungsungerechtigkeiten und Armutsprobleme geben. Politische Legitimität gewinnt das Projekt nur dann, wenn ein Mehr an sozialer Gerechtigkeit und Gleichheit wirklich für alle spürbar wird.

7. Lokalisierung und Deglobalisierung

Die heutige Produktionsweise basiert bei vielen Gütern auf globalen Wertschöpfungsketten. Nicht nur Rohstoffe werden global eingekauft, sondern Produktionsstandorte werden international aufgrund von billigen Arbeitskräften und günstigen Investitions-

Community Supported Agriculture (CSA):
Mit Solidarischer Landwirtschaft (Community Supported Agriculture – CSA) wird ein Zusammenschluss einer Gruppe von VerbraucherInnen mit einem Partnerhof oder einer Gruppe von Bauernhöfen bezeichnet. Die Kooperation der Gruppe mit dem Hof besteht aus einer Abnahmegarantie für die Produkte des Hofes über einen Zeitraum von einem Jahr und Mitbestimmungsmöglichkeiten der Gruppe über den Anbau. Damit werden klassische Marktbeziehungen und globale agro-industrielle Wertschöpfungsketten ausgeschlossen und lokale/regionale Produktion und Konsumtion gefördert. Das Konzept entstand in den 1960er Jahren in Japan, wo sich heute etwa ein Viertel aller Haushalte an der Teikei (dt. »Partnerschaft«)-Landwirtschaft beteiligen. In der Bundesrepublik gibt es etwa ein Dutzend Höfe, die nach dem Konzept der Solidarischen Landwirtschaft arbeiten. Das erste Netzwerktreffen fand 2010 bei der Attac-Sommerakademie in Hamburg statt. Infos: www.urgenci.net.

bedingungen (z.B. Steuernachlässe) ausgewählt. Niedrige Preise für Produktions- und Transportenergie sind dafür eine wichtige Grundlage.

Wie wenig globale Transportwege damit zu tun haben, was für die Bedürfnisbefriedigung und die Herstellung von Waren notwendig ist, wird am Im- und Export besonders offensichtlich: 2005 führte Deutschland für vier Milliarden Euro Milcherzeugnisse aus und für fünf Milliarden ein, bei vielen anderen Waren ist das ähnlich. Aus ökologischer und sozialer Sicht ist das globale Freihandelsregime fulminant gescheitert. Die globale Klimakrise macht eine dezentralisierte und lokale Produktion zur Notwendigkeit.

Mit der Idee der Deglobalisierung versuchte die NGO »Focus on the Global South«, eine globalisierungskritische Antwort auf den entfesselten Weltmarkt und die Dominanz transnationaler Konzerne aus dem Norden zu geben. Das Konzept Deglobalisierung zielt vor allem darauf, neue handelspolitische Spielräume für die Länder des Südens zu erlangen und die Macht der internationalen Finanzinstitutionen und Finanzmärkte zu schwächen. Insofern sind die Forderungen der globalisierungskritischen Bewegung, die sich gegen weitere Freihandelsverträge, liberale

Investitionsregime und Strukturanpassungsprogramme richten, besonders aktuell.

Energieerzeugung und Landwirtschaft sind die beiden Sektoren, bei denen eine Regionalisierung und Lokalisierung am greifbarsten erscheint. Ernährungssouveränität und Energiedemokratie sind daher Schlüsselprojekte einer solidarischen Postwachstumsökonomie. Bei der Produktion vieler industrieller Güter, beispielsweise Laptops, ist eine Lokalisierung der Produktion jedoch kaum plausibel. Je nach Produkt ist der sinnvolle Herstellungsraum sehr unterschiedlich – so können einige der komplexeren Industriegüter unterhalb der kontinentalen Ebene kaum effizient produziert werden.

Aujourd'hui la Décroissance: Solidarische Lebensweise statt Bionade-Bourgeoisie

Vor 30 Jahren veröffentlichte Nicholas Georgescu-Roegen, einer der Urväter der ökologischen Ökonomie, ein Buch mit dem Titel »Demain la Décroissance«. In Anbetracht der multiplen Krisendynamiken wäre »Postwachstum heute!« ein angemessener Titel. Neben der Erarbeitung systemischer ökonomischer Alternativen zielt die Idee einer solidarischen Postwachstumsökonomie auch auf Veränderung der Lebensgestaltung. Der derzeit vorherrschenden »imperialen Lebensweise« (Ulrich Brand) gilt es, eine solidarische Lebensweise entgegenzusetzen. Damit ist gemeint, dass heute und konkret Lebensbereiche wie Ernährung, Wohnen, Haus- und andere Arbeit sowie Einkauf und Konsum in einer solidarischen Weise organisiert werden.

Hierbei geht es nicht darum, als Lifestyle-Ökos und LOHAS (Lifestyle of Health and Sustainability) in großen Supermarktketten und exklusiven Bioläden Produkte mit Bio- und Fairtrade-Siegeln zu kaufen, die jährlichen Urlaubsflüge über Kompensationszahlungen vermeintlich auszugleichen, Elektro-Hybride zu fahren und so ein gutes Gewissen im »Karma-Kapitalismus« zu erlangen. Sondern es geht darum, nicht mehr auf wachstums- und konsumorientierte Handlungsmuster angewiesen zu sein und aus globalen Konsumstrukturen auszubrechen (Recht auf Suffizienz). Anknüpfungspunkte aus dem Bereich der solidarischen Ökonomie und der Gemeingüter sind bereits genannt worden.

Besonders relevant sind dabei alle Projekte, die perspektivisch den Konsum von Gütern entmonetarisieren, das heißt jenseits der Geldwirtschaft und des Marktes kollektiv organisieren. Damit wird der profitgetriebene Wachstumsdruck den betreffenden Sektoren genommen. Zahlreiche Dienstleistungen werden bereits weitgehend kostenlos angeboten (z.B. Grundschule); diese Bereiche gilt es zu erweitern (z.B. kostenlosen ÖPNV).

Der durch Arbeitszeitverkürzung neu gewonnene Zeitwohlstand ermöglicht eine radikale Umverteilung von Reproduktionsarbeit (Pflege an Mensch und Natur, Kinder, Haushalt etc.) auf alle, sodass der Sorgebereich der Wirtschaft zu gleichen Teilen von Frauen und Männern getragen werden kann. Sie ermöglicht die Zeit, die notwendig ist, um in einer Könnensgesellschaft wieder die Fähigkeiten anzueignen, das eigene Leben – auch den eigenen Verbrauch – wieder mehr in eigene Hände zu nehmen. Die marxistische Ökonomin Frigga Haug hat in ihrer »Vier-in-einem-Perspektive« auf den Punkt gebracht, was mit der frei werdenden Zeit alles getan werden kann: Denn neben der Erwerbsarbeit sollten alle genügend Zeit haben, Reproduktionsarbeiten zu tätigen, sich politisch in der Gestaltung der Gesellschaft einzubringen, und kulturelle Selbstentwicklung zu leben.

8. Perspektiven einer solidarischen politischen Ökonomie

Während dieser kurze Text (Frühjahr 2011) erscheint, finden weltweit – so ist zu lesen – mehr Proteste und Revolten statt als im Jahre 1968. Gesellschaften sind – nicht zuletzt aufgrund der Verwerfungen durch die Weltwirtschaftskrise – in Bewegung gekommen. Gleichzeitig steigt die Zahl der Auseinandersetzungen um den Zugang zu natürlichen Ressourcen, wenn etwa indigene Gruppen wie in Peru die Ölförderung in ihren Gebieten verhindern und die Ressourcen- und Nahrungsmittelpreise von einem historischen Höchststand zum nächsten steigen. Und wie der Super-GAU in Tschernobyl ist auch das Desaster in Fukushima ein historischer Bruchpunkt für das Weltenergiesystem. Die globale Atomindustrie und ihre Pläne für den Neubau von weiteren Kraftwerken stehen unter enormen Legitimationsdruck. In einigen Ländern könnte dieser Sektor völlig zur Disposition stehen. Angesichts der nuklearen Katastrophe in Japan wird die internationale Anti-Atombewegung in den kommenden Monaten und nächsten Jahren erheblich an Stärke zulegen.

Seit dem Weltsozialforum in Belém 2009 sprechen zwar indigene Bewegungen von der »Zivilisationskrise« als Bezeichnung der multiplen Krisentendenzen im Bezug auf die Ökonomie, Ökologie und demokratische Repräsentation. Anders als Ende der 1960er Jahre ist heute jedoch international keine gemeinsame Erzählung erkennbar, auch wenn die Revolten in Nordafrika in beeindruckender Weise die universalistischen Ideen von Demokratie und sozialer Gerechtigkeit mit Leben gefüllt haben.

Eine neue »große Erzählung« von menschlicher Emanzipation, der kommende Bewegungszyklus, müsste die ökologische und die soziale Frage zusammenbringen. Eine ihrer Fluchtlinien könnte als Projekt eines universalistischen Egalitarismus die solidarische Postwachstumsökonomie sein.

Denn – dies soll noch einmal betont werden – die Lebensweise der globalen KonsumentInnenklasse lässt sich nicht verallgemeinern – sie basiert auf der imperialen Übernutzung des endlichen globalen Umweltraums und führt auch im Norden zu Ungleichheit und Krisen. Da die für eine global gerechte Lebensweise notwendigen Einsparungen auf Dauer kaum durch einen vor allem auf technologischen Lösungen basierenden »grünen« Wachstumskurs zu erreichen sind, steht die Wachstumsökonomie samt ihrer gesellschaftlichen Institutionen zur Disposition. Dies eröffnet Raum, grundlegend zu fragen, zu analysieren und zu träumen: Wie wollen wir leben, warum arbeite ich, welche Bedürfnisse hast Du, und was wollen wir produzieren? Warum soll die Ökonomie überhaupt wachsen, wer profitiert, und wie lässt sich das verändern? Wie könnte eine Gesellschaft, wie menschliche und ökonomische Beziehungen jenseits des Wachstums gestaltet werden, um soziale Rechte weltweit für alle, heute und in Zukunft zu verwirklichen? Einige Anregungen stehen in diesem Basistext.

Die daraus folgende notwendige Frage ist: Was tun? Den einen Hebel, um aus der Wachstumsökonomie auszusteigen, gibt es nicht. Stattdessen sind komplexe Veränderungen der Produktions- und Konsumweise Schritt für Schritt durchzusetzen. Wie mit einigen Schlaglichtern angedeutet, müssen neue wirtschaftspolitische Konzepte entworfen und neue solidarische Lebensweisen ausprobiert werden.

Eine solidarische Postwachstumsökonomie kann man sich allerdings nicht einfach herbeiwünschen, noch durch ausgefeilte Lobbystrategien auf den Weg bringen. Dazu sind die politischen und ökonomischen Interessen zu unterschiedlich. Ohne eine konfliktive Durchsetzung geht es daher nicht. Wer soll ein solches Projekt schließlich ins Werk setzen? Notgedrungen fällt die Antwort vage aus, denn eine Koalition von gesellschaftlichen Akteuren, die sich für eine ökologisch-solidarische Lebensweise in einer Ökonomie jenseits des Wachstums aussprechen, gibt es (bisher) nicht. Stattdessen sitzen in Europa die Akteure, die das neoliberale finanzmarktgetriebene Globalisierungsmodell verfolgt haben, weiterhin fest im Sattel: Die Banken habe ihre strukturelle Macht ausgeweitet und es wird, insbesondere vorangetrieben von Berlin, mittels der EU-Institutionen eine strikte

Kürzung- und Sozialkahlschlagspolitik betrieben. Im Zusammenhang dieser Austeritätspolitik wird auch ein Teil der sozialen Infrastruktur beseitigt, die Anknüpfungspunkte für eine Ökonomie sind, die privaten Konsum durch die kollektive Bereitstellung von Gütern ersetzt: In Griechenland wird der öffentliche Bus- und Zugverkehr massiv reduziert, in Irland werden Schulen geschlossen – angeblich damit die Schulden zurückgezahlt werden können. Von dieser Ausgangssituation zu einer neuen Wirtschaftsweise ohne Wachstum zu kommen, ist denkbar ungünstig. Dennoch gibt es Einstiegsprojekte für eine solidarische Postwachstumsökonomie, die unmittelbar angegangen werden können: lokale Energiedemokratie, mit Stadtwerken in BürgerInnenhand, die zum Ziel haben, immer weniger Energie produzieren zu müssen, Projekte der Solidarischen Landwirtschaft (CSA), die fossilistische Wertschöpfungsketten hinter sich lassen, kostenlosen ÖPNV statt privater Automobilität, Schritt für Schritt eine weitgehende Arbeitszeitverkürzung und steuerfinanzierte demokratisch-kontrollierte Investitions- und Desinvestitionsprogramme in nicht-profitable, aber notwendige soziale und ökologische Güter. So wie die Wirtschaftskrisen Anfang der 1930er und in den 1970er Jahren neue Wirtschaftsweisen und Formen der Regulierung hervorgebracht haben, so wird es sich auch mit der aktuellen Krise verhalten. Diese Chance sollten wir nicht ungenutzt lassen.

Literatur

Adler, Frank/Schachtschneider, Ulrich (2010): *Green New Deal, Suffizienz oder Ökosozialismus? Konzepte für gesellschaftliche Wege aus der Ökokrise*, München.

Altvater, Elmar (2010): *Der große Krach oder die Jahrhundertkrise von Wirtschaft und Finanzen, von Politik und Natur,* Münster.

Altvater, Elmar/Brunnengräber, Achim (2008): *Ablasshandel gegen Klimawandel? Marktbasierte Instrumente in der globalen Klimapolitik und ihre Alternativen,* Hamburg.

Bakker, Isabella (1994): *The Strategic Silence. Gender and Economic Policy,* London.

Bauhardt, Christine/Caglar, Gülay (Hrsg.) (2010): *Gender and Economics. Feministische Kritik der politischen Ökonomie,* Wiesbaden.

Biesecker, Adelheid (2011): »Vorsorgendes Wirtschaften: Ökonomie für gutes Leben statt für Wachstum«, in: Egan-Krieger et al. (Hrsg.) (2011): *Ausgewachsen! Ökologische Gerechtigkeit. Soziale Rechte. Gutes Leben,* Hamburg.

Binswanger, Hans Christoph (2009): *Die Wachstumsspirale: Geld, Energie und Imagination in der Dynamik des Marktprozesses,* Marburg.

Bontrup, Heinz-Josef (2005): *Arbeit, Kapital und Staat. Plädoyer for eine demokratische Wirtschaft,* Köln.

Breakthrough Institute (2011): Energy Emergence: Rebound and Backfire as Emergent Phenomena, Report February 2011, 96p., online: http://thebreakthrough.org/blog/2011/02/new_report_how_efficiency_can.shtml

Bütikofer, Reinhard/Giegold, Sven (2010): *Der Grüne New Deal. Klimaschutz, neue Arbeit und sozialer Ausgleich*, Brüssel.

Candeias, Mario/Rilling, Rainer/Röttger, Bernd/Thimmel, Stefan (Hrsg.) (2011): *Globale Ökonomie des Autos: Mobilität. Arbeit. Konversion,* Hamburg.

BUND/Evangelischer Entwicklungsdienst/Brot für die Welt (2008): *Zukunftsfähiges Deutschland in einer globalisierten Welt,* Berlin.

Daly, Herman (2007): *Ecological Economics and Sustainable Development: Selected Essays of Herman Daly,* Cheltenham, UK.

Davies, James B./Sandström, Susanna/Shorrocks, Anthony/Wolff, Edward N. (2008): *The World Distribution of Household Wealth,* United Nations University WIDER Discussion Paper No. 2008/03.

Exner, Andreas/Lauk, Christian/Kulterer, Konstantin (2008): *Die Grenzen des Kapitalismus: Wie wir am Wachstum scheitern,* Wien.

Gorz, André (2008): *Auswege aus dem Kapitalismus. Beiträge zur politischen Ökologie,* Zürich.

Haug, Frigga (2009): *Die Vier-in-einem-Perspektive*, Hamburg.

Helfrich, Silke (2009): *Wem gehört die Welt? Zur Wiederentdeckung der Gemeingüter,* München.

Jackson, Tim (2009): *Prosperity Without Growth: Economics for a Finite Planet,* London.
Keynes, John Maynard (1930): »Wirtschaftliche Möglichkeiten für unsere Enkelkinder«, in: Norbert Reuter (2007): *Wachstumseuphorie und Verteilungsrealität. Wirtschaftspolitische Leitbilder zwischen Gestern und Morgen. Mit Texten zum Thema von John Maynard Keynes und Wassily W. Leontief,* Marburg.
Luks, Fred (2001): *Die Zukunft des Wachstums. Theoriegeschichte, Nachhaltigkeit und die Perspektiven einer neuen Wirtschaft,* Marburg.
Miegel, Meinhard (2010): *Exit. Wohlstand ohne Wachstum,* Berlin.
New Economics Foundation (2010): *21 Hours. Why a shorter working week can help us all to flourish in the 21st century*, London.
Dies. (2009): *The Great Transition. A tale of how it turned out right,* London.
Dies. (2008): *Growth Isn't Possible,* London.
Pickett, Kate/Wilkinson, Richard (2009): *The Spirit Level: Why More Equal Societies Almost Always Do Better,* London (dt.: Gleichheit ist Glück. Warum gerechte Gesellschaften für alle besser sind, Berlin 2009).
Reuter, Norbert (2010): »Der Arbeitsmarkt im Spannungsfeld von Wachstum, Ökologie und Verteilung«, in: Zahrnt/Seidel (Hrsg.), Postwachstumsgesellschaft, 85-102, Marburg.
Seidel, Irmi/Zahrnt, Angelika (2010), *Postwachstumsgesellschaft. Konzepte für die Zukunft,* Marburg.
Steurer, Reinhard (2002): *Der Wachstumsdiskurs in Wissenschaft und Politik: Von der Wachstumseuphorie über »Grenzen des Wachstums« zur Nachhaltigkeit,* Berlin.
Stierle, Steffen (2010): *Reichtum & Armut. Eine Verteilungsfrage,* AttacBasisTexte 34, Hamburg.
Victor, Peter (2008): *Managing Without Growth: Slower by Design, Not Disaster,* Cheltenham.
Ver.di Bundesvorstand Bereich Wirtschaftspolitik (2008): *Löhne und Verteilung:* www.wipo.verdi.de
Wahl, Peter (2009): *Entwaffnet die Märkte! Der Finanzcrash – Ursachen, Hintergründe, Alternativen,* AttacBasisTexte 32, Hamburg.
Wolf, Winfried (2007): *Verkehr. Umwelt. Klima. Die Globalisierung des Tempowahns,* Wien.
World Economic Forum & McKinsey (2010): *More Credit with Fewer Crises: Responsibly Meeting the World's Growing Demand for Credit,* Genf.

Attac will

Es ist genug für alle da – wenn gerecht verteilt wird. Die Finanzmärkte brauchen demokratische Kontrolle. Hohe Sozial- und Umweltstandards müssen globalisiert werden. So genannte Entwicklungsländer müssen aus der Schuldenfalle befreit, ihr Mitspracherecht in den internationalen Institutionen gestärkt werden. People over Profit – die Interessen der Menschen dürfen nicht den Interessen der Konzerne untergeordnet werden.

Attacies

Attac hat in Deutschland inzwischen über 23.000 Mitglieder – und täglich werden es mehr. In rund 200 Gruppen, verteilt über die Republik, sind Attacies vor Ort aktiv. Weltweit mischen mehr als 100.000 Menschen in 50 Ländern bei Attac mit und sich ein – gegen die Ungerechtigkeiten der neoliberalen Globalisierung.

Attaction

Attac braucht Aktion – um Raum zu schaffen für Diskussion, für Bewegung und um zu lernen. Dafür brauchen wir Unterstützung. Eine Mitgliedschaft, Beteiligung an unseren Akionen, Engagement in einer Attac-Gruppe oder eine Spende – all das stärkt Attac den Rücken. Und nur eine starke Bewegung bewegt.

Attac Trägerverein e.V., Kto.-Nr. 800 100 800, GLS Gemeinschaftsbank, BLZ 430 609 67

Attac Bundesbüro
Münchener Str. 48
60329 Frankfurt/M.
Tel.: 069-900 281-10
Mail: info@attac.de
www.attac.de

attac